本书由内蒙古自治区高等学校人文社科重点研究基地“内蒙古民族教育与心理发展研究基地”资助出版

双语者第二语言词汇加工的认知神经机制

李 敏 著

U1017898

江苏大学出版社
JIANGSU UNIVERSITY PRESS
镇 江

图书在版编目(CIP)数据

双语者第二语言词汇加工的认知神经机制 / 李敏著. — 镇江 : 江苏大学出版社，2021.10
ISBN 978-7-5684-1669-6

Ⅰ. ①双… Ⅱ. ①李… Ⅲ. ①第二语言—词汇—认知语言学 Ⅳ. ①H003

中国版本图书馆 CIP 数据核字(2021)第 213863 号

双语者第二语言词汇加工的认知神经机制
Shuangyuzhe Di-er Yuyan Cihui Jiagong de Renzhi Shenjing Jizhi

著　　者/李　敏
责任编辑/仲　蕙
出版发行/江苏大学出版社
地　　址/江苏省镇江市梦溪园巷 30 号(邮编：212003)
电　　话/0511-84446464(传真)
网　　址/http://press.ujs.edu.cn
排　　版/镇江市江东印刷有限责任公司
印　　刷/镇江文苑制版印刷有限责任公司
开　　本/718 mm×1 000 mm　1/16
印　　张/10.5
字　　数/228 千字
版　　次/2021 年 10 月第 1 版
印　　次/2021 年 10 月第 1 次印刷
书　　号/ISBN 978-7-5684-1669-6
定　　价/48.00 元

如有印装质量问题请与本社营销部联系(电话:0511-84440882)

前言

语言是人类最重要的交流工具，第二语言学习是促进群际交流的重要方式，词汇加工是第二语言学习的重中之重。语言研究的理解、产生、获得与发展这几大内容都涉及词汇的加工过程，可见词汇研究在第二语言及双语研究中具有重要意义。

在梳理双语认知加工的相关研究过程中，笔者发现学者们对双语及双语者这些基本概念具有不同的划分标准，导致研究的结论很难统一。另外，关于第二语言词汇加工的研究往往基于静态的视角。事实上，双语者语言中基本的字词加工是一种“静态+动态”的系统，其中语言的语音、语义激活属于静态加工，要深入研究其认知神经机制；而双语控制属于动态系统，要在使用、变化的动态过程中研究双语词汇。为了整合第二语言词汇加工的研究框架，结合笔者的学术研究经历和目前的博士研究课题，于是决定撰写《双语者第二语言词汇加工的认知神经机制》这本书，梳理第二语言词汇加工的历史文献，整合已有的实验研究，期待为后续更深入的研究奠定理论基础。

本书以双语者第二语言词汇加工的大脑认知活动（词汇处理、认知控制、注意）为“经”，以心理语言学词汇加工的三个部分（词汇识别、词汇通达、词汇表征）为“纬”，涵盖第二语言词汇加工的主要领域，突出重要理论模型、实验范式、研究技术、实验事实的说明。全书以“明确概念和理论模型、第二语言词汇加工认知及神经机制、双语者词汇选择的认知控制和注意”为主线，主要分以下三个部分进行阐述。

第一部分：第 1 章对双语及双语者进行概念界定，区分不同类型的双语者，对目前双语者词汇加工领域的主要理论模型进行分析，明确双语词汇加工主要关注的问题。

第二部分：第 2、3 章是第二语言词汇加工认知神经机制研究的主体部分，其中第 2 章主要介绍双语者词汇加工的理论模型和实证研究，第 3 章主要基于认知神经科学的角度阐明双语者第二语言词汇加工的大脑认知机制。

第三部分：第4、5章从双语词汇选择的角度分别阐明双语与认知控制、注意的关系，加强对双语者第二语言词汇使用的探索，揭示双语者进行第二语言词汇选择的机制。

本书适合从事双语研究的教师、科研人员及相关专业的研究生阅读，期待能够为读者的研究提供理论基础和实验范式。本书由内蒙古自治区高等学校人文社科重点研究基地“内蒙古民族教育与心理发展研究基地”资助出版，也感谢江苏大学出版社编辑仲蕙为本书出版付出的努力。由于笔者的能力有限，且第二语言的内容繁多，本书难免存在疏漏之处，恳请读者批评指正。

李　敏

2021年5月30日

目录

1 双语概述

在涉及第二语言学习的相关文献中，经常会出现双语和双语者这样的术语。实际上，双语和双语者经常一起出现，两者存在紧密的联系。明确双语和双语者的概念，同时了解双语者第二语言词汇的存储方式，可以为更好地理解双语者第二语言词汇加工奠定基础。

1.1 双语

双语（bilingualism）也可以称作双语现象。研究者基于不同的视角对双语的概念进行了界定。有研究者基于熟练度视角提出，只有两种语言都达到母语熟练度才能称为双语；也有研究者基于使用频率视角提出，双语是一种交互使用两种语言的互动实践；还有研究者考虑到语言功能问题，认为双语是指能够用两种不同语言完成对话（Grosjean，1992）。我国学者认为双语是指两种语言具有不同的口头语言和书面语言，这种说法强调了双语中两种语言系统的差异性（王悦 等，2012）。总体而言，双语可以被理解为与个体使用两种语言有关的现象和规律（王瑞明 等，2016）。

两种语言系统关系的理论观点也可以分为单一双语观和整体双语观。单一双语观认为双语使用者拥有两个独立的语言能力，这些能力与两个独立的单语者的能力相似。因此，单一双语观认为双语是两个单语在个体身上的集合。整体双语观认为双语是一个完整的整体，不能轻易地将其一分为二（Grosjean，1992）。双语整体观认为双语系统不是两个完整或不完整的单语系统的总和，而是有一个独特的、特定的语言结构，两种语言共存并不断互动，形成了一个不同但又完整的语言系统。

现实中存在一种特殊的语言形式即双言，双言主要是指说话者使用同一种语言的两种不可变体，如人们会说通用语言文字的同时还可能会说闽南语、四川方言、东北方言等。那么，双言是否属于双语范畴呢？事实上，双语和双言既有相同点也有不同点。一般来说，双语是指两种语言具有不同的口头语言和书面语言，双言则是指两种语言有不同的口头语言和基本一致的书面语言（王悦 等，2012）。也就是说，双语和双言的差异表现为是否存在不同的书面语言。Ferguson（1959）认为，在许多语言环境中，人们会使用同一种语言的两种或两种以上的变式，这是一种自然生态下的语言使用状况。变体有标准变体和粗俗变体两种，标准变体的规范度较高，粗俗变体往往具有较为特殊的语法结构。双言的问题比较复杂，本书中提到的第二语言词汇加工只包含书面语言的词汇加工，不涉及双言的词汇加工。

1.2　双语者

双语者是指那些可以使用两种正式语言的人，这些正式语言包括汉语、英语、法语、德语等，因此，双语者不包括双言者。双语不是一个范畴变量，双语者和单语者之间的界限也不是特别严格。双语体验不仅是一个程度问题，还包括多个特征，如语言习得的历史和背景，以及每种语言的熟练度和当前使用情况。

在双语研究领域，学者往往根据双语者两种语言的获得方式、第二语言的熟练水平、第二语言的习得年龄三个因素对双语的类型进行划分。具体的划分标准一般依据各自的研究主题和被试群体情况进行选择。对双语者类型的详细划分，有利于研究不同类型双语者语言加工的过程和机制，更详细地描述语言加工的全貌。

双语者获得语言的方式具有较大差异，按照该标准，可将双语者分为三种不同的类型，第一种为紧凑型双语者（compact bilingual），也叫作同时双语者（simultaneous bilingual），是指那些在进入幼儿园以前从双语家庭中学会两种语言的个体；第二种为并列型双语者（coordinate bilingual），其获得两种语言的时间是在青春期以前，获得环境主要是家庭、社会或者是学校；第三种为从属型双语者（subordinate bilingual），其母语常常为优势语言，第二语言为非优势语言，两种语言的熟练水平不平衡（Bhatia et al.，1999）。

第二语言的熟练水平也是划分双语者类型的一个重要标准，参照这一标准，可将其分为熟练双语者（fluent bilingual）和非熟练双语者（less-fluent bilingual）。熟练双语者也称为平衡双语者（balanced bilingual），即两种语言达到同等熟练水平，也就是说，第二语言的熟练度已经达到或趋近第一语言的熟练度，两种语言可以自由切换。非熟练双语者（dominant bilingual）即两种语言的水平不平衡，第一语言的水平高于第二语言（Wei，2000）。在当前的实际研究中，研究者在区分熟练双语者和非熟练双语者时，更多的是从操作定义的层面出发，即基于双语者使用第二语言的时间、频率和达到的水平等多个标准。一般情况下，研究者通常使用自我报告法或者一些语言能力问卷对双语熟练水平进行评估。国内研究者通常是将英语专业通过英语专业八级考试的大学生作为熟练双语者，把非英语专业没有通过大学英语四级考试的大学生作为非熟练双语者。

根据双语者的第二语言习得年龄，可将双语者分为两种，一是早期双语者（early bilingual），二是晚期双语者（late bilingual）。一般在 6 岁以前习得第二语言的个体被称为早期双语者，6 岁以后习得第二语言的个体被称为晚期双语者。这种划分以幼儿期为时间节点。也有部分研究者认为，青春期才是判断语言获得早与晚的关键时间节点，第二语言习得年龄如果在青春期以前都可以算作早期双语者，青春期之后获得的均为晚期双语者。由于语言的产生和发展存在关键期，1~3 岁是个体口头语言发展的关键期，3~7 岁是书面语言发展的关键期，因此，目前普遍认可第一种划分方法。

1.3 双语者的心理词典

心理词典（mental lexicon）这一概念是由 Treisman（1960）首先提出的理论假说。他认为，每个语言使用者的心理都有一个结构有序、可以按一定程序通达（access）的词汇表征。心理词典就好像人脑中用来储存信息的词典，词典里包含词的词形、语音、词义等信息。这些信息按照一定的规则和方式组织起来成为大脑的信息库。心理词典的功能如同人们日常使用的词汇词典，但心理词典的本质与词汇词典不同。人们日常使用的词汇词典是按照拼音字母的顺序编排词条，每个词条都有解释和用法；心理词典没有固定的编排顺序，它是一个信息库，词汇的词形、语音和语义均在心理词典中分类储存（刘慎军 等，2013）。

早期的理论建构认为心理词典是一个存储场所，它是用于匹配的原型（prototype），识别一个单词的过程就是刺激材料与原型的匹配过程（李敏，2008）。随后提出的层次网络模型把心理词典表示为一个网络，词条作为网络的交叉节点，语义作为网络的连接桥梁，这样词条和语义就构成了词汇系统。系统内部语义关系的远近用节点间的距离表示，不同抽象程度的概念间具有一定的层级关系，概念越抽象则层级水平越高；反之，概念越具体则层级水平越低。学者们在层次网络模型基础上又提出了激活扩散理论（spreading activation model），该理论是在层次网络模型基础上进行的完善。激活扩散理论认为，心理词典的组织更像一个互相连接的网，网的节点就是代表词的概念。从这一点来看，激活扩散理论和层次网络模型具有共同的理论基础，但激活扩散理论与层次网络模型相比具有一定的优势。该理论比层次网络模型更加灵活，避免了机械地解释不同层级词汇间的联结问题。但是，激活扩散理论主要分析的重点集中在词汇语义层，词汇中包含的语音、词形和句法等信息均未进行解释。随着理论研究的深入，模型的解释力也在增加，Bock 和 Levelt 于 1994 年提出了扩展网络模型（extended network model），该模型将人们的词汇系统分为概念层、词目层（lemma）和词位层（lexeme）三个层次。概念层包含词汇的词条，词条依靠语义进行连接；词目层包含词汇句法方面的知识；词位层涉及词汇语音方面的知识。扩展网络模型是一个较为全面的，描述词汇词形、语音和语义关系的理论模型（秦裕林 等，2012）。

那么，这种意识中的形、音、义的词汇网络是如何建立起来的呢？在第一语言的习得过程中，儿童最先进入语音学习阶段，咿呀学语是他们最先练习发音的方式。婴儿往往通过音符串来表示某种意义，此时的语音代表特定的含义，这时是一种“语音—语义”的简单联结。随着年龄的增长，儿童继续完成词汇的语义化过程，儿童需要学习和掌握词的形状，建立词形与语义的联结。当词汇数量较多时，词汇被整理后储存在大脑中，逐渐建立“词形—语音—语义”的词汇网络。

由模型的演变可以看出，心理词典从固定的原型匹配发展为语义联结，再到由复杂的语义将节点相连接，构成一个具有层次性的关系系统。随着研究的深入，研究者不断扩大双语者心理词典的内涵，词典结构也更加复杂化。同时，研究者解释心理词典工作机制的角度也发生了变化，早期心理词典理论注重内部词形、语音和语义的搜索，后来心理词典的工作机制被看作是一个整体激活的过程。在词汇加工过程中，心理词典中词条的三种表征都会被激活，即词汇的形、音、义表征，并且知识表征的激活会在与之关联的表征间连续扩散，产生连续激活的效应（高立群，黎静，2005）。

双语者两种语言的心理词典有很多相似之处，同时又具有各自复杂的特点。心理词典的研究是双语研究领域的一个重要内容，研究者需要先了解清楚双语者两种语言的概念和形式是如何在大脑中存储和表征的（桂诗春，2000），但是研究者对于双语者的词汇信息如何储存还有不同的观点，两种语言的词汇信息是独立存储还是共同存储尚存在争议。一种观点为特定语言提取观（language-specific view），持特定语言提取观的学者认为两种语言的概念是共享的，词汇具有独立表征特点（Korll et al.，1994）。另一种观点为非特定语言提取观（non-language-specific view），持该观点的学者认为双语词汇并非完全独立，两种语言间词汇的某些特点可能存在共享现象，当一种语言的某个词汇被激活时，另一种语言的关联词汇可能也被激活，双语词汇存在交互激活的特点（Dijkstra et al.，1998）。同时，双语语音表征是心理词典研究的一个内容。有研究通过被试完成词汇判断任务、图片命名任务、翻译任务发现双语者的语音表征也存在部分重叠（Colome，2001）。

总体而言，双语者心理词典的研究集中在以下三个方面：① 心理词典中形、音、义三个表征是如何存储的？② 影响心理词典结构表征存储的因素是什么？③ 两个心理词典的结构表征之间是如何联系的（李敏，2008）？认知心理学家和心理语言学家在实验的基础上提出了三种信息存储假说，即共同存储说、单独存储说和多重编码假说（方俊明，2002）。

1.3.1　共同存储说

共同存储说认为，学习者的母语和第二语言这两套语言信息分别进行信息编码，进而形成不同的词汇系统和句法分析系统，但两个通道的语言信息储存在一个语义系统中。根据乔姆斯基的普遍语法理论，所有语言都有共同的结构特点，语言的表层结构词形和语音可以千变万化，但其深层结构即语义表征是相同的。共同存储说得到了自由联想实验的支持，第二语言学习者对同一事物的反应词既可以同属一种语言，也可分属不同的语言，即第二语言学习者的心理词典中有两套相对独立的语音、词形系统，但在词义系统上是交汇的（图 1-1）（李敏，2008）。

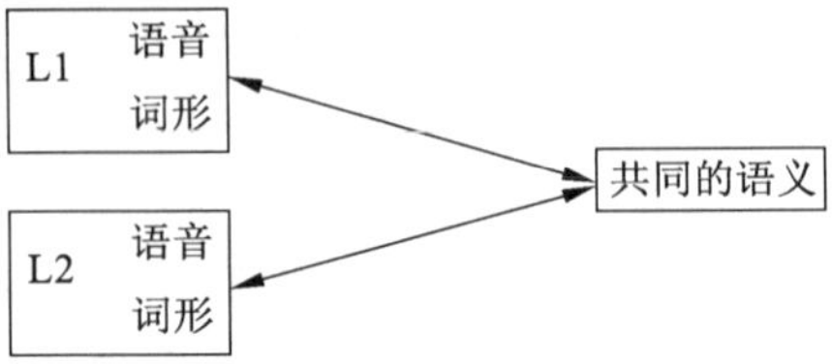

图 1-1　共同存储说

1.3.2　单独存储说

单独存储说认为，两套语言信息单独进行信息编码，不仅有独立的词法和句法分析系统，而且有独立的语义记忆系统。许多认知心理学的研究分别利用词汇联想作业、词汇回忆作业和 Stroop 范式对双语者的心理词典表征结构进行了研究，没有发现不同语言之间的语义干扰，也没有发现相似语言间存在联系，因此认为双语者的语义存储是两个独立的系统，两种语言是分别表征的（图 1-2）（李敏，2008）。

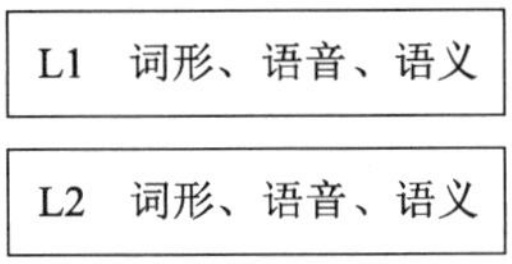

图 1-2　单独存储说

1.3.3　多重编码假说

多重编码假说认为，汉语词汇认知中可能存在多重编码，如词形编码、语音编码、语义编码、表象编码。第二语言学习者除可能存在两套心理词典外，还有第三个非语言的表象信息加工系统，三者在功能上既相对独立又相互联系（图 1-3）（李敏，2008）。

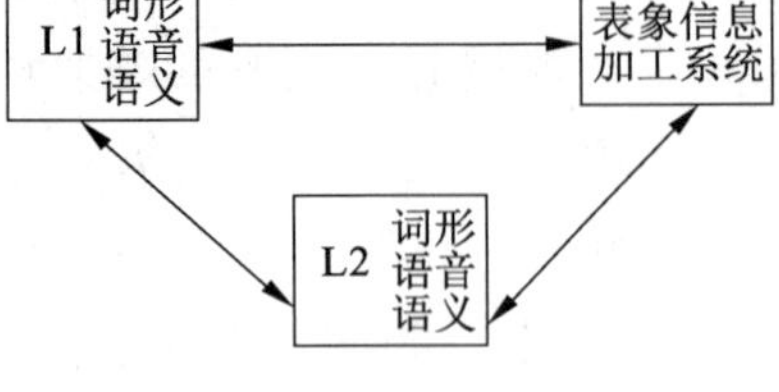

图 1-3　多重编码假说

综合不同的观点，学者们比较一致的看法是，两种语言信息的词汇表征（lexical representation）是独立的，而概念表征（concept representation）则是共同的（Potter et al.，1984；Chen et al.，1989）。所谓词汇表征是指语言在词汇水平上的信息特征（包括词形信息和语音信息），而概念表征则是指语言的语义概念特征。随着研究的深入，研究者除了对语义表征是否“独立”进行探索以外，研究的重点集中到了双语者的两种语言是如何联结和相互作用的问题上。

Markus（1998）把两种语言的相似性作为变量进行研究，得出的结论与前人的研究是一致的。对于低熟练度学习者，无论母语和第二语言是否相似，第二语言都要先通过第一语言词汇表层结构（形/音）的中介才能和语义形成联结，因此，其心理词典表征结构是词汇联结模式（图 1-4）；对两种不相似语言都达到高熟练度的学习者来说，两种语言的词汇表层结构没有直接联结，需要通过语义才能形成联结，其心理词典结构为语义中介模式（图 1-5）；对于两种相似语言达到高熟练度的学习者来说，词汇联结和语义中介都是存在的，其心理词典结构是多通路模式（图 1-6），关于三种不同联结模式的进一步研究参见 2. 3. 1。

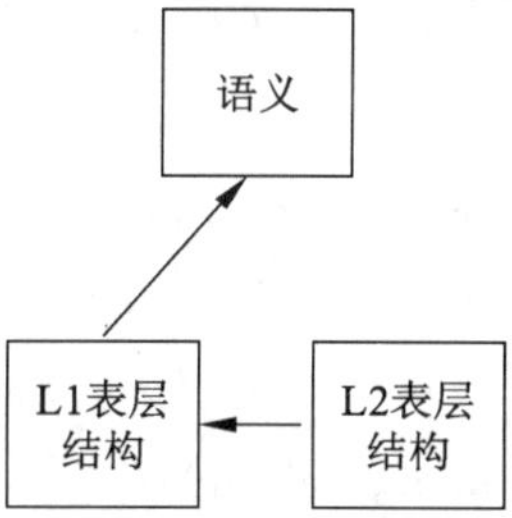

图 1-4　词汇联结模式

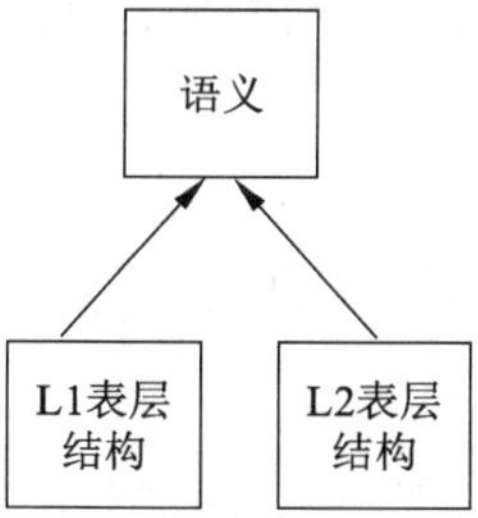

图 1-5　语义中介模式

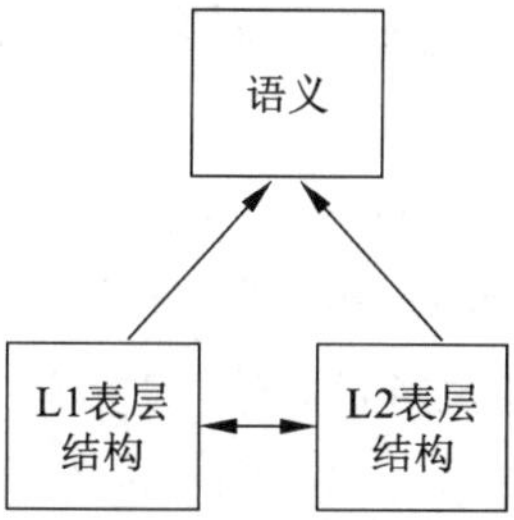

图 1-6　多通路模式

综上所述，第二语言心理词典中形、音、义的存储研究发生了由如何存储向如何联系的转变。构建更为合理的模型需要大量行为实验和新技术的检验，这将有助于问题的深入研究。

1.4　本章小结

双语者拥有两种不同的语言系统，方言也是一种特殊的语言形式，一般双语研究不包括双言。双语者的两种语言系统具有独立的词汇表征和共享的概念表征。不同类型双语者的词汇表征形式受到熟练度、习得年龄、语言相似性等因素的影响，明确双语词汇表征特点及影响因素是后续研究的基础。

参考文献

方俊明,2001. 双语获得的认知过程与浸入式教学的理论基础[J]. 心理科学,24(5):523-527,636.

桂诗春,2000. 新编心理语言学[M]. 上海:上海外语教育出版社.

李敏, 2008. 中国学生日文词汇通达的实验研究[D]. 大连:辽宁师范大学.

高立群,黎静,2005. 日本留学生汉日同形词词汇通达的实验研究[J]. 世界汉语教学(3):96-105.

刘慎军,陈佳宜,2013. 心理词典理论与对外汉语词汇教学[J]. 现代语文(语言研究版)(5):106-108.

王悦,陈俊,张积家,2012. 方言与普通话并用:双言心理研究述评[J]. 心理科学进展(8):1243-1250.

王瑞明,杨静,李利,2016. 第二语言学习[M]. 上海:华东师范大学出版社.

Àngels Colomé, 2001. Lexical activation in bilinguals′ speech production: language-specific or language independent? [J]. Journal of Memory and Language, 45(4): 721-736.

Bock K, Levelt W,1994. Language production: grammatical encoding[M]. Handbook of Psycholinguistics.

Brauer M,1998. Stroop interference in bilinguals: the role of similarity between the two languages[M]//Healy A F, Bourne L E. Foreign Language Learning: psycholinguistic studies on training and retention. NJ: Lawrence Erlbaum Associations:317-337.

Chen H C, Ng M L,1989. Semantic facilitation and translation priming effect in Chinese-English bilinguals[J]. Memory and Cognition, 17(4):454-462.

Dijkstra T, van Heuven W, Grainger J, 1998. Simulating cross-language competition with the bilingual interactive activation model[J]. Psychologica Belgica, 38(3): 177-196.

Ferguson C A, 1959. Diglossia[J]. Word, 15:325－340.

Grosjean F,1992. Another view of bilingualism[J]. Advances in Psychology, 83:51-62.

Potter M C, So K-F, von Eckardt B, et al, 1984. Lexical and conceptual representation in beginning and more proficient bilinguals[J]. Journal of Verbal Learning and Verbal Behavior, 23(1): 23-38.

Ritchie W C, Bhatia T K, 1999. Handbook of child language acquisition [M]. San Diego: Academic Press.

Treisman A M,1960. Contextual cues in selective listening[J]. Quarterly Journal of Experimental Psychology, 12(4):242-248.

Wei L,2000. Dimensions of bilingualism[M]//Wei L. The bilingualism reader. London and New York: Routledge.

2 双语者的词汇加工

语言是人类最复杂的心理行为之一，第二语言的心理加工过程是心理语言学研究的重要领域。单词知识是学习其他语言的基础，在第二语言的学习中发挥重要作用，尤其是在第二语言学习的开始阶段。双语研究包括第二语言的理解、产生、获得与发展四个方面，分别从语音、音素、字词、句子、句法、语篇等层面展开详尽细致的阐述，这些研究内容促进了对双语语言加工心理机制的探索。本章重点关注理解、产生、获得与发展四个方面中与双语者词汇加工有关的内容，为读者梳理双语者词汇加工的研究方向。

2.1 视觉词汇识别的理论模型及研究

在现实生活中，我们能够轻松地从文字符号中检测出词汇。这种看似简单的活动，大脑却需要完成一系列复杂的加工，双语者的词汇识别则经历更为复杂的心理过程。为了解释如何跨语言识别单词，人们提出了几种语言处理模型。一些模型强调视觉单词识别，而另一些模型则强调口语单词识别。

2.1.1 双语交互激活模型

词汇识别的双语交互激活模型（BIA）是一种视觉单词识别模型（图2-1），BIA 模型是对单词内词汇识别模型的扩展（van Heuven et al.，1998）。单词内识别模型只存在一种语言的词汇点，BIA 模型与单词内词汇识别模型的不同之处在于，BIA 模型中包含两个词汇点和两个语言节点，即双语者的两种语言都含有各自的词汇点和语言节点。

在 BIA 模型中，特定字母位置的视觉输入激活与该视觉输入一致的特征，与这些特征对应的字母被激活，与特征不一致的字母不能被激活。字母对单词的激活也遵循同样的道理，字母激活与字母一致的单词，抑制与字母不一致的单词。在单词层面，选定某单词的同时即抑制其他单词，因此，某个特定单词的证据越多，抑制其他单词的证据就越多。这个模型还包括从单词层到字母层的激活，如图 2-1 中双向箭头所示。最后，一个单词激活相应的语言节点，该语言节点同时抑制另一种语言的语言节点。因此，用该模型解释双语的词汇识别，是通过激活一种语言中的单词，同时有效抑制另一种语言的激活。

如上所述，BIA 模型假设双语者的语言处理在本质上是非选择性的，因为单词识别过程导致双语者的两种语言均活跃，但这种机制有时可以以一种更具选择性的方式发挥作用，这取决于实验因素（如刺激的性质、任务）及被试因素（相对语言熟练度）。

van Heuven 等（1998）通过一系列的渐进式去掩蔽和词汇判断实验，研究了双语者同一种语言或另一种语言的正字法邻居启动效应的存在，以及对目标词识别的影响。

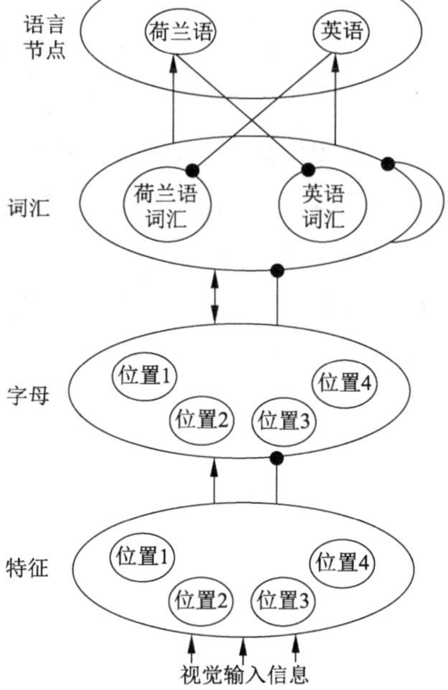

图 2-1　双语交互激活模型（BIA）（van Heuven, et al., 1998）

荷兰语正字法邻居数目的增加系统地减慢了荷兰语—英语双语者对英语目标词的反应时，而目标语言邻居数目的增加则对荷兰语产生抑制作用、对英语目标词产生促进作用。英语单语者也表现出英语词汇邻居的促进作用，而荷兰语词汇邻居的促进作用不明显，这些实验为荷英词汇的平行激活提供了证据。

2.1.2 双语交互激活+模型

为了解释非选择性加工，Dijkstra 和 van Heuven（2002）对 BIA 模型进行了修订，修订后的模型被称为 BIA+（图 2-2）。BIA+模型主张词汇的识别是一种自下而上的加工过程，这种过程遵循一定的程序。首先，当字母串作为视觉刺激出现时，与该字母串相似的特征被激活，每种特征激活的程度受到多种因素（包括词汇本身的词频、近期词汇使用频率、是否熟练掌握第二语言等）的影响，需要注意的是，激活的特征中，第二语言的激活时间要长于第一语言。词汇的词形特征被激活后，词汇的语音、语义等信息也被相继激活。因此，决定视觉呈现的单词能否被识别，取决于该单词与心理词典各词汇的相似程度，相似程度高的单词被激活，相似程度低的单词不能被激活。也就是说，输入的字母串和心理词典中的表征重合决定了激活量，进而影响词汇的识别（孙继民，崔欣欣，2013）。

从 BIA 到 BIA+模型的一个主要变化是，BIA+模型有两个部分，分别是任务/决策控制系统和词汇识别系统。任务/决策控制系统的影响因素主要为非语言信息，包括任务目标内容、个体期望水平、语言使用策略和对话者信息等。词汇识别系统的影响因素属于语言类因素，包括词汇、句法和语义信息。BIA 包含于 BIA+中，BIA+不仅包含词形信息，还包括语音和语义信息，BIA+扩大了 BIA 的词汇识别系统。BIA 模型抑制与激活机制是基于双语者两种语言均是表音文字系统（如英语、西班牙语等）提出的，它无法解释母语与第二语言分属表义（如汉语）和表音两种系统的情况（肖巍 等，2016）。

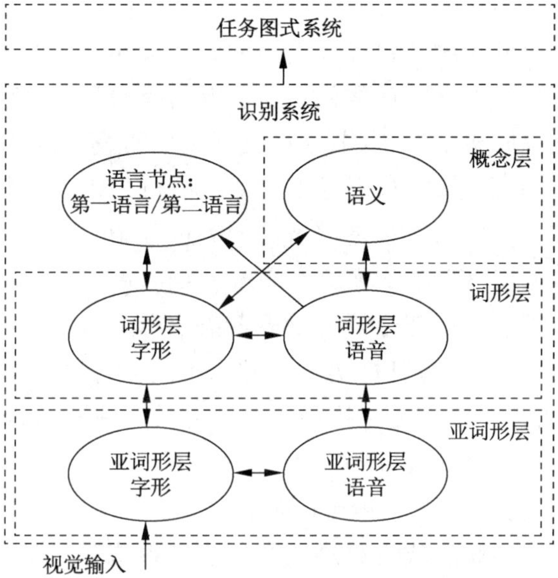

图 2-2　双语交互激活+模型（BIA+）（Dijkstra et al.，2002）

2.2　词汇通达的理论模型及研究

语言产生过程是语言交流的重要环节，人们想要说出一句话需要完成词汇提取的认知过程，这一过程就是词汇通达。双语者对目标语言与非目标语言的控制过程与词汇识别过程不同，在词汇识别条件下，双语者的两种语言保持活跃可能更有意义，但是在词汇通达条件下，两种语言的活跃则成为一种阻碍，双语者为了顺利产生一种语言，就需要发挥控制系统的监控和抑制作用，防止非目标语言的干扰（王瑞明 等，2016）。当有多种语言可以表达想法时，大脑会如何进行语言的选择呢？双语者要使用一种语言进行表达，就需要调用语言控制系统以确保当前目标语言的维持，并防止另一种语言的干扰（王瑞明 等，2016）。从两种语言间的内部系统角度对语言选择过程进行探讨始于 20 世纪 50 年代末，涉及语言的竞争选择、抑制控制两种模型。

2.2.1　双语竞争选择理论模型

双语者的两种语言均为语言系统的子集，既包含在个体语言活动的整体中，也具有独立不同的语言子成分。双语者即使只使用两种语言中的一种，另一种语言也处于激活状态（Kroll et al.，2006）。两种语言的同时激活意味着在词汇选择上存在竞争关系，基于选择和竞争的理论模型大致可以归类为特定性提取和非特定性提取两类（王瑞明 等，2016）。

特定性提取的观点认为双语者语言系统中目标语言和非目标语言的词汇表征间不存在竞争关系，只是在语言产生过程中，目标语言内部词汇间可能产生竞争。特定语言选择模型（language-specific selection model，LSSM）支持特定性提取观点，该理论认为双语者语言产生时，非目标语言不在提取范围内，只需在确定的目标语言内进行词汇的提取（Costa & Miozzo，1999）。也有学者提出语言的选择要通过“开关”来进行（Penfield et al.，1959），这种观点将两种语言看作完全独立的系统来进行分析。特定性提取的观点对于双语语言控制的认识比较简单、机械。

非特定性提取的观点认为双语者两种语言系统并行激活，同时存在竞争关系，不同理论模型对选择和竞争机制的解释不同。言语产生模型（speech production model，SPM）提出词汇的选择是由于目标词提取延迟了非目标词的提取，即优先选择目标词，选择的顺序导致非目标词的时间延迟。例如，在L2语言产生中有意使用L1，此时L1词典及其相关词汇概念的激活程度增加，L1的提取延迟了L2的提取（Poulisse et al.，1994）。阈值激活假说认为语言激活的强度和水平是被选择的关键，其中非目标语言的激活阈值提高，导致不容易被选择，但不会被完全抑制（Paradis，1997）。概念选择模型（conceptual selection model，CSM）认为双语者的两种语言系统都有一套独立的言语信息，与言语信息匹配度高的词汇被激活的程度高，该词容易被选择（La Heij，2005）。三种理论模型都认为两种语言系统是一种竞争关系，又分别基于选择时间、激活强度、信息匹配视角对目标语言的选择进行阐释。

特定性提取和非特定性提取这两类观点探讨了两种语言系统间是否存在竞争关系，而言语感知模型（speech perception model，SPM）的理论包含竞争与非竞争两种关系。该模型认为阈值变化产生不同激活状态的动态变化，激活和停用语言系统可以使双语者调用不同的语言模式。例如，在英语模式下，中英双语者激活英语的同时，停用或少用汉语，此时不存在竞争关系；而在双语模式下，语言间需要转换代码，这时中英两种语言都被激活，且汉语激活程度更高，两种语言处于竞争关系（Grosjean，1997）。

如前所述，语言控制模型在一定程度上得到了发展，学者们最初从特定性提取角度认识词汇的选择，在语言系统子集分离的基础上又逐渐意识到语言子集间的竞争和选择关系。非特定性提取具有不同的选择标准。但是以往对语言控制的认识仅停留在词汇提取层面，没有涉及双语词汇语义系统需要完成的任务范围，从这个意义上说，这些理论模型缺乏相关的控制结构，无法对不同的任务进行建模。

2.2.2 双语抑制控制理论模型

早期的语言控制理论中，抑制控制模型是具有较高解释力的模型之一。Green（1998）提出的抑制控制模型（inhibitory control model，IC 模型）是一种体现多级控制原则的抑制性控制模型，强调双语词汇语义系统中存在两个抑制位点，即语言任务抑制和词汇表征抑制。语言任务指定双语者使用一种语言进行表达，并抑制另一种语言任务图式；词汇表征具有语言标签功能，每个语言标签会与词汇形成一种连接关系，为了保证语言输出正确，就要抑制带有错误标签的词汇，实现词汇表征抑制。语言任务“反应性地”通过潜在竞争者的语言标签，在词汇层抑制潜在竞争者的产出，这个过程需要更高级别的注意监控系统来进行调节，目的是增强双语者对外部输入的敏感度和内部抑制的能力，其中，对外部输入的监控是自下而上的加工，对内部抑制的监控是自上而下的加工。IC 模型提出后出现了抑制和选择并存的折中理论模型——特定语言选择阈限模型（language-specific selection threshold model，LSSTM），该理论模型认为不同熟练度双语者语言控制的核心机制不同，具体表现为非熟练双语者依靠抑制，而熟练双语者依靠选择实现语言的控制（Costa et al.，2004）。各种模型虽自成体系，但 IC 模型被推举为解释语言控制的经典理论模型。

基于抑制控制模型，众多研究者展开了双语认知优势的研究。研究显示，拥有长期双语经验的个体，在两种语言使用过程中抑制能力得到了更多的训练，促进了监督注意系统的功能发展，个体一般认知能力得以提升，并在非语言任务中表现出优势，即双语者显现出典型的双语认知优势效应（程凯文 等，2019）。对双语认知优势的假设已经通过使用各种实验任务和双语样本进行了检验（Yang et al.，2016；Grundy et al.，2020；Bialystok et al.，2020）。然而，有研究者认为这种优势可能是个体差异造成的，那些发现优势效应的研究存在复制率低、样本量少、测验任务聚合效度差、行为与脑成像研究结果不一致等问题，说明双语认知优势可能只在有限的特定情况下发生（Paap et al.，2015）。来自元分析的研究提示双语的学习和使用并未出现认知优势的显著偏向（Lehtonen et al.，2018；Donnelly et al.，2019）。

众多双语认知优势研究的理论观点和结论未达成一致认识。针对是否继续探讨双语认知优势问题，Paap，Johnson 和 Sawi（2016）提议，应更多地加强以理论为基础的研究，探寻更好的双语认知模型，而非重复检验实验结果。如果要建立新认知模型，研究者还需要思考“学习使用另一种语言为什么会对认知控制能力产生影响”这一问题。一方面，在语言使用中，一些日常话语涉及简单的句法结构，对个体的计划和执行能力要求并不高，但正式的语言交际场合要使用符合语言规则的句法结构，并根据环境选择适当的词汇，因此在计划和执行方面的要求较高。另一方面，双语者要根据语言情境在两种语言间选择不同的表达方式，维持目标语言的同时抑制非目标语言，当语言环境发生改变时，双语者要在不同语言间迅速地进行转换，这些语言控制过程都需要较高水平的注意监控。所以，新的认知模型必定要在已有语言认知控制观点的基础上，更深入地思考语言使用的特殊性、复杂性，模型中更要纳入和体现出这些特征的功能。

早期语言控制理论的观点多数是从个体语言间内部关系角度进行建模分析，涉及从词汇层面解决双语者语言选择和竞争问题。其中，言语感知模型考虑到不同的语言激活模式；IC 模型进一步从多层抑制角度解释了语言控制结构和控制机制，并提出了认知控制包含对内部和外部的注意监控，对语言控制理论的发展起到了推动作用，也引发了一系列的实证研究，但 IC 模型仅注重对语言间内部关系的解释，缺乏对语言使用外部环境过程的深入探讨。双语选择过程发生在双语激活之后，这个选择过程反映了说话者的话语需求，这种需求以重复和持续的方式反复出现。因此，双语使用者对话语选择过程的需求超过了单语使用者，正是这种需求的重复和持续，使得双语者的一般控制能力增强，这些增强的技能促进了非语言任务的执行。这个过程中，双语者对语言控制的认知需求是理论持续更新与发展的重点方向。

2.3 词汇表征的理论模型及研究

2.3.1 词汇联想模型和概念中介模型

双语词汇表征是第二语言习得研究中的重中之重。双语表征包含两个层面的内容，一是词汇的储存（见 1.3 心理词典），二是两种语言信息的联系（吕纪增，2009）。由于双语的两种语言分属于不同的符号系统，在考虑其词汇表征时势必关注以下问题：双语者两种语言的概念是独立的还是共享的？早在 1953 年，Weinreich 就提出，双语词汇表征可能存在三种关系类型：① 并列型双语（coordinate bilingualism），即双语者两种语言的词汇系统独立与各自的概念系统相联系；② 复合型双语（compound bilingualism），即双语者两种语言的词汇系统各自独立，但概念系统共享；③ 从属双语（subordinative bilingualism），即双语者的第二语言中的词汇项目，通过它们在第一语言中的翻译对等词通达概念系统。

这三种关系类型的提出，奠定了以后开展词汇表征研究的基础。但是后续的很多实验表明，词汇的表征并不能简单地用这种非此即彼的关系来描述，词汇中形式和概念之间的关系，可能远远比这三种关系类型所描述的更复杂。Potter 等（1984）根据图片命名和翻译任务中所发现的效应，提出了词汇层与概念层分别表征的模型，对词汇中词汇层和概念层之间的关系进行了更细致的描述。他们提出了词汇联想模型和概念中介模型两种不同模型。词汇联想模型（图 2-3）认为第一语言的词汇层与概念层直接联系，第二语言词汇层无法直接通达概念层，需要经过第一语言的中介才可以，第一语言与第二语言只有词汇层有连接，例如，平时人们加工英语时需要转换为汉语进行理解。概念中介模型（图 2-4）则认为两种语言的词汇层各自与概念层进行连接，第二语言的加工无须通过第一语言进行转化，例如，人们加工英语时可以直接通达英语词汇的语义。

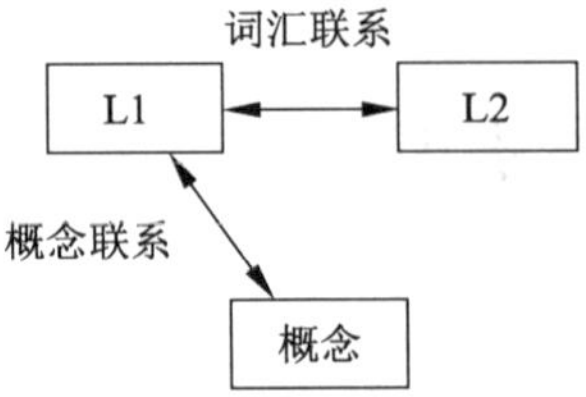

图 2-3　词汇联想模型

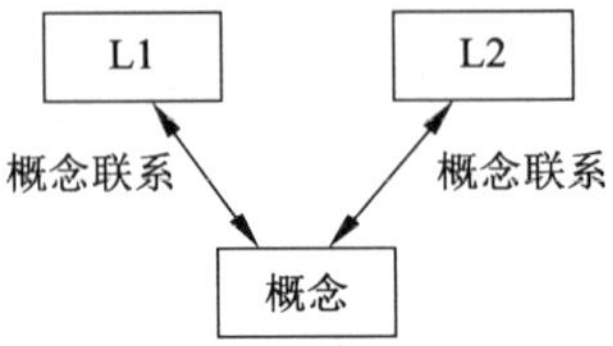

图 2-4　概念中介模型

Potter 等（1984）比较了两种任务的完成时间，一种是第二语言图片命名任务，另一种是第一语言词汇翻译为第二语言词汇任务。研究发现被试完成两种任务的时间没有差异，这一发现支持了概念中介模型。然而，后续很多研究发现，这一实验结果可能是被试的第二语言水平非常熟练所导致的。例如，Chen 和 Leung（1989）等比较了不同第二语言水平的被试完成两种任务的时间，发现低水平的被试从第一语言到第二语言翻译的速度比用第二语言命名图片快，而高水平的被试用第一语言完成两项任务的时间没有显著差异。这也表明，双语者第二语言的熟练水平可以影响双语词汇表征。

2.3.2　修正层级模型

Kroll 和 Stewart（1994）通过词汇翻译的实验发现，两种语言相互翻译的反应时不同，从第一语言到第二语言的翻译更慢。这是由于第一语言无法直接通达第二语言，需要经过概念层的中介作用，而第二语言可以直接通达第一语言到词汇层，无须概念的中介，由于两种翻译具有不同的路径，导致反应时不同。例如，从中文词汇翻译成英文词汇时需要经过语义理解，而英文词汇翻译为中文词汇时则可以直接完成。据此，Kroll 和 Stewart 提出了修正层级模型（revised hierarchical model）。

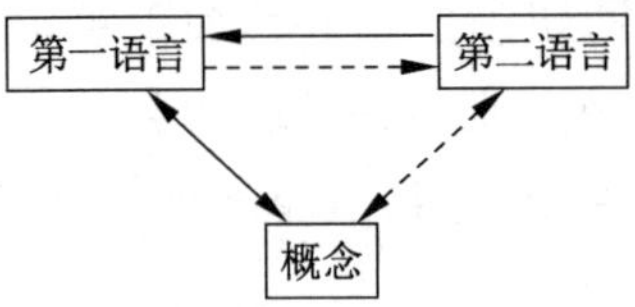

图 2-5　修正层级模型
（Kroll et al.，1994）

这一模型认为两种语言间的词汇联系与两种语言词汇层-概念层的联系均具有不对称特点，又称为非对称模型（图 2-5）。这种不对称表现在：第二语言到第一语言是强联结，第一语言到第二语言是弱联结；第一语言词汇层到概念层为强联结，第二语言词汇层到概念层为弱联结。在学习双语的初期，双语者的第二语言通达需要经过第一语言的中介，随着第二语言熟练度的提高，第二语言最终也能直接通达概念。学者们通过大量实验对模型进行检验，主要采用以下任务：不对称的跨语言启动任务、Stroop 任务、翻译任务和图词干扰的第二语言命名任务。比如，在词汇启动判断任务中，语义相关的启动词和目标词即使来自不同语言，即跨语言启动，还是可以观察到显著的语义启动效应（陈佳昕等，2017）。值得注意的是，这种跨语言的语义启动也是不对称的，从第一语言到第二语言的启动强于从第二语言到第一语言的启动。在图词命名任务或 Stroop 任务中，当干扰词与图片名字的语义相关时，不管干扰词是来自哪种语言，总是能观察到干扰效应（Costa & Caramazza，1999）。

修正层级模型虽然得到了很多实验的支持，但模型的解释范围也存在一定限制，该模型无法对一些特殊语言现象进行解释，如词型效应（word effect）。词型效应是指具体词在同一语言和跨语言两种条件下的反应时相同，而抽象词的反应时则不同。使用同源词（cognate）和非同源词为实验材料也能发现同样的词型效应。de Groot 和 Nas（1991）选取荷兰语—英语双语被试进行实验，采用跨语言的语义启动任务，发现在短的刺激启动时间间隔条件下同源词有语义启动效应，而非同源词则无明显的语义启动效应。为了解释词型效应，de Groot（1992）提出了分布式模型（distributed model）。这一模型认为，两种语言的概念共享，双语者的两种语言中单词的概念表征具有分布式特点。该模型更关注两种语言系统概念表征内部的关系，提出不同类型词汇在概念层具有不同数量的节点数，例如，具体词比抽象词可能具有更多的概念节点。

21 世纪以来，随着实验范式和实验技术的发展，双语词汇表征的研究也得到了长足的发展。其中不乏对以往模型进行补充发展的新模型，如 Finkbeiner 等（2004）在系列掩蔽翻译启动实验的基础上，提出了双语记忆表征的意义模型。该模型与前述模型一样，认为词汇通达分为两层，分别为词汇层和概念层，模型也发现了两种语言间的不对称关系。意义模型也有其独特的观点，该模型认为跨语言启动的不对称效应是由激活目标词概念特征集合的比例不同导致的，由于第一语言熟练度较高，因而目标词概念特征集合被激活的比例往往也较高。

近十几年来，除了修正和发展以往的模型，研究者越来越多地关注两种词汇表征的神经机制。当前，研究者普遍认为，双语者的两种语言系统虽然存在较大的词形和语音差异，但语义系统是共享的。很多脑功能成像的研究发现，熟练的双语者在完成图片命名和词语重复等语言产生任务时，激活的脑区与单语者完成相同任务时所激活的脑区相同，都是左侧前额叶和颞叶等区域。Klein 等（2006）考察了儿童时期学习第二语言是否会改变人脑的功能联结。研究者采用了正电子发射断层扫描，考察了母语为英语、熟练掌握法语（5 岁后开始习得法语）的双语者在重复两种语言的真词和假词时的大脑活动。对比被试在重复母语真词和第二语言真词时的脑血流量发现，这两种条件下被试的局部脑血流量没有显著差异，都激活左侧脑岛皮质、腹侧前运动区域和纹状体。研究者认为，这些区域的激活主要反映了被试在重复已知的词时的发音运动。这一结果说明，提取第二语言单词时所激活的区域与提取母语单词时所激活的区域类似，表明两种语言的词汇提取可能具有共同的神经基础。

相反，如果双语者对第二语言的熟练度比较低，那么在词汇产生时可能需要更多的脑区参与，其中最主要的区域为前额叶（Briellmann et al.，2004；Marian et al.，2007）。沉浸在第二语言环境中的时间也对双语者的词汇语义系统具有很大的影响。在 Perani 等（2003）的研究中，被试为非常熟练的早期双语者，但是根据沉浸在第二语言环境中不同的时间分为两组。结果发现，沉浸在第二语言环境中时间更短的被试，在产生第二语言词汇时更多地激活了左背外侧前额皮层。也有研究发现，当长期沉浸在第二语言环境中而不再沉浸在母语环境中时，第二语言的词汇语义系统甚至可以取代母语的词汇语义系统（Pallier et al.，2003）。总体而言，当前，越来越多的研究证实，第二语言和母语的词汇加工具有相同的神经网络。低熟练度和沉浸在第二语言环境中的时间较短，可能导致在加工第二语言时左侧额下回或前额皮层的活动增加。值得注意的是，习得第二语言的年龄早或晚好像对词汇语义表征的影响不大（Indefrey，2006；Perani et al.，2005）。换句话说，不管习得年龄是早还是晚，第二语言的词汇语义加工与母语的词汇语义加工都有类似的神经基础，而熟练度才是决定词汇语义表征的最关键因素，因为晚期高熟练双语者在加工两种语言的词汇时都激活了相同的区域（Perani et al.，2005）。

2.4 本章小结

双语者的词汇加工包括词汇识别、词汇通达和词汇表征三个内容，它们分别对应语言理解、语言产生、语言获得三个领域，且在每个领域都有经典的理论模型产生，这些模型为后续的实证研究提供了可参考的框架。学者们通过实证研究逐步对模型进行修正，甚至可以提出完全不同的新模型。

参考文献

陈佳昕,周蓓蓓,闻素霞,2017.不同任务类型对熟练维汉双语者跨语言启动不对称性的影响[J]. 心理学探新(3):215-219.

程凯文,邓颜蕙,颜红梅, 2019. 第二语言学习与脑可塑性[J]. 心理科学进展, 27(2): 209-220.

吕纪增,2009. 双语表征研究视角综述[J].河南教育学院学报(哲学社会科学版), 28(6):87-91.

王瑞明,杨静,李利, 2016. 第二语言学习[M].上海:华东师范大学出版社.

孙继民,崔欣欣,2013.双语语言理解的 BIA+模型与 fMRI 和 ERP 研究[J].湛江师范学院学报,34(1):131-135.

肖巍,倪传斌, 2016.中国英语学习者的一语自动激活:来自 ERPs 的证据[J]. 外语教学与研究(2):236-248,320-321.

Bialystok E, Dey A, Sullivan M D, et al,2020. Using the DRM paradigm to assess language processing in monolinguals and bilinguals[J]. Memory and cognition, 48: 870-883.

Briellmann R S, Saling M M, Connell A B, et al,2004. A highfield functional MRI study of quadri-lingual subjects[J]. Brain and Language, 89(3): 531-542.

Costa A, Miozzo M, Caramazza A, 1999. Lexical selection in bilinguals: Do words in the bilingual's two lexiconscompete for selection? [J]. Journal of Memory and Language, 41(3):365-397.

Costa A, Santesteban M,2004. Lexical access in bilingual speech production: evidence from language switching in highly proficient bilinguals and L2 learners[J]. Journal of Memory and Language, 50(4):491-511.

Costa A, Caramazza A,1999. Is lexical selection in bilingual speech production language-specific? Further evidence from Spanish-English bilinguals[J]. Bilingualism: Language and Cognition, 2(3):231- 244.

Chen H-C, Leung Y-S, 1989. Patterns of lexical processing in a nonnative language[J]. Journal of Experimental Psychology: Learning, Memory, and Cognition, 15(2): 316-325.

de Groot A M B, Nas G L, 1991. Lexical representation of cognates and noncognates in compound bilinguals[J]. Journal of Memory and Language, 30(1): 90-123.

de Groot A M B, 1992. Bilingual lexical representation: a closer look at conceptual representations[M]//Frost R, Katz L. Orthography, Phonology, Morphology, and Meaning. Amsterdam: Elsevier: 389-412.

Donnelly S, Brooks P J, Homer B D, 2019. Is there a bilingual advantage on interference-control tasks? A multiverse meta-analysis of global reaction time and interference cost[J]. Psychonomic Bulletin and Review, 26(4): 1122-1147.

Dijkstra T, van Heuven W J B, 2002. The architecture of the bilingual word recognition system: from identification to decision[J]. Bilingualism: Language and Cognition, 5(3): 175-197.

Finkbeiner M, Forster K, Nicol J, et al, 2004. The role of polysemy in masked semantic and translation priming[J]. Journal of Memory and Language, 51(1): 1-22.

Grosjean F, 1997. Processing mixed language: lssues, findings and models [M]//de Groot A M B, Kroll J F. Tutorials in Bilingualism: Psycholinguistic Perspectives. New York: Psychology Press: 225-254.

Green D W, 1998. Mental control of the bilingual lexico-semantic system [J]. Bilingualism: Language and Cognition, 1(2): 67-81.

Grundy J G, Pavlenko E, Bialystok E, 2020. Bilingualism modifies disengagement of attention networks across the scalp: a multivariate ERP investigation of the IOR paradigm[J]. Journal of Neurolinguistics, 56: 100933.

Indefrey P, 2006. A meta-analysis of hemodynamic studies on first and second language processing: Which suggesteddifferences can we trust and what do they mean? [J]. Language Learning, 56(s1): 279-304.

Klein D, Watkins K E, Zatorre R J, et al, 2006. Word and nonword repetition in bilingual subjects: a PET study[J]. Human Brain Mapping, 27(2): 153-161.

Kroll J F, Stewart E, 1994. Category interference in translation and picture naming: evidence for asymmetric connections between bilingual memory representations[J]. Journal of Memory and Language, 33(2): 149-174.

Kroll J F, Bobb S C, Wodniecka Z, 2006. Language selectivity is the exception, not the rule: arguments against a fixed locus of language selection in bilingual speech[J]. Bilingualism: Language and Cognition, 9(2): 119-135.

La Heij W, 2005. Selection processes in monolingual and bilingual lexical access[M]//Kroll J F, de Groot A M B. Handbook of bilingualism: Psycholinguistic approaches. New York: Oxford University Press: 289-307.

Lehtonen M, Soveri A, Laine A, et al, 2018. Is bilingualism associated with enhanced executive functioning in adults? A meta-analytic review[J]. Psychological Bulletin, 144(4): 394-425.

Marian V, Shildkrot Y, Blumenfeld H K, et al, 2007. Corticalactivation during word processing in late bilinguals: similarities and differences as revealed by functional magnetic resonance imaging[J]. Journal of Clinical and Experimental Neuropsychology, 29(3): 247-265.

Paap K R, Johnson H A, Sawi O, 2015. Bilingual advantages in executive functioning either do not exist or are restricted to very specific and undetermined circumstances[J]. Cortex, 69: 265-278.

Paap K R, Johnson H A, Sawi O, 2016. Should the search for bilingual advantages in executive functioning continue? [J]. Cortex, 74: 305-314.

Paradis M, 1997. The cognitive neuropsychology of bilingualism[M]//de Groot A M B, Kroll J F. Tutorials in bilingualism: psycholinguistic perspectives. Mahwah, NJ: Lawrence Erlbaum Publishers:331-354.

Penfield W, Roberts L, 1959. Speech and Brain Mechanisms[M]. Princeton: Princeton University Press.

Poulisse N, Bongaerts T, 1994. First language use in second language production[J]. Applied Linguistics, 15(1): 36-57.

Potter M C, So K-F, von Eckardt B, et al, 1984. Lexical and conceptual representation in beginningand proficient bilinguals[J]. Journal of Verbal Learning and Verbal Behavior, 23(1): 23-38.

Perani D, Abutalebi J, Paulesu E, et al, 2003. The role of age of acquisition and language usage in early, high-proficient bilinguals: an fMRI study during verbal fluency[J]. Human Brain Mapping,19(3): 170-182.

Perani D, Abutalebi J, 2005. The neural basis of first and second language processing[J]. Current Opinion in Neurobiology, 15(2): 202-206.

Pallier C, Dehaene S, Poline J-B, et al, 2003. Brain imaging of language plasticity in adopted adults: Can a second language replace the first? [J]. Cerebral Cortex,13(2): 155-161.

van Heuven W J B, Dijkstra T, Grainger J,1998. Orthographic neighborhood effects in bilingual word recognition[J]. Journal of Memory and Language, 39(3): 458-483.

Weinreich U, 1953. Languages in contact: findings and problems[M]. New York:Linguistic Circle of New York.

Yang S, Yang H, 2016. Bilingual effects on deployment of the attention system in linguistically and culturally homogeneous children and adults[J]. Journal of Experimental Child Psychology, 146: 121-136.

3 第二语言词汇加工的认知神经机制

人的大脑具有一定的可塑性，拥有双语经验个体的大脑结构和功能甚至可能发生变化。本章在了解大脑可塑性机制的基础上，通过采用认知神经科学的技术方法，探索第二语言词汇加工的语音激活及词汇通达的认知神经机制，为揭示第二语言词汇加工的大脑活动过程奠定基础。同时，本章以中日双语者日文词汇加工为例，说明第二语言词汇加工认知神经机制研究的基本过程。

3.1 双语经验与大脑可塑性

3.1.1 脑的可塑性

脑的可塑性（brain plasticity，neuroplasticity）是指外部环境和个体经验可以重塑大脑的结构和功能，因此，这里包含两个层面的内容，一是大脑的结构变化，二是功能变化（Draganski et al.，2004）。大脑结构的可塑性表现为大脑内部的突触和神经元联结的变化，大脑功能的可塑性表现为大脑某一区域功能的恢复，或者相邻脑区的代偿，这些结构和功能的变化都可以通过学习和训练实现（郭瑞芳，彭聃龄，2005）。

（1）支持大脑可塑性的临床证据

脑损伤的研究为大脑可塑性提供了最初的证据。一些研究发现，学习和训练可以帮助大脑恢复病变区域的功能，这种功能的恢复也可能是邻近脑区的功能代偿作用。例如，我们通常认为左半球区域负责语言加工过程，然而在 Liegeois 等在 2004 年的一项研究中却发现，如果患者在儿童时期被切除左半球，仍然可以获得语言能力。虽然其语言能力发展要比正常儿童稍有延迟，但最终仍然可以达到正常人的水平，即切除了左半球的儿童并非丧失了获得语言的能力，其他脑区发挥了代偿性作用。

一项应用PET技术的实验也在成人群体中发现了大脑功能代偿现象。Müller等（1999）认为早期左半球损伤的患者会出现右半球优势。该研究有三组被试，第一组为正常被试，第二组为早期脑损伤患者，第三组为晚期脑损伤患者，他们需要完成句子加工的听力实验。结果发现，正常被试左侧额叶及颞叶的血流量比右侧区域增加得显著，而早期脑损伤患者在前额叶、额下回及顶下小叶区域的左侧激活优势明显降低。于是研究者认为早期脑损伤患者出现左半球优势降低，是因为右半球发挥了代偿性作用，正常情况下，这些区域实际上不参与左半球的语言加工，但早期脑损伤的患者进行句子加工时出现了右半球激活。脑损伤患者的脑功能恢复可以证明大脑神经系统可以发生动态变化，也在一定程度上证明，一些学习经验会影响神经系统功能。

（2）支持大脑可塑性的知觉训练证据

以上证据均来自脑损伤患者，正常群体的知觉训练、经验学习也为大脑可塑性，以及如何持续性地改变大脑皮层的功能提供重要证据。这些实验研究通常对被试进行大脑活动的前测，然后要求被试在规定时间内按照实验计划进行学习和训练，最后对被试的大脑活动进行后测，然后通过前、后测的对比，证明学习和训练的作用。

Schiltz等（1999）在一项PET研究中训练被试学习分辨光栅朝向，结果发现训练引起初级视皮层（V1）及外侧纹状体（V2，V3）的大脑激活水平下降，说明视知觉学习能够引起低级视区皮层激活的变化，对感知觉能力的短期训练可以改变大脑的活动状态。另一项研究是以伦敦的出租车司机和非出租车司机为被试开展（Maguire et al.，2006），通过对比出租车司机和非出租车司机，研究者发现对地理环境信息掌握较多的出租车司机的后海马区域体积较大，而海马区域与认知导航技能有关。这项研究表明驾驶经验改变了出租车司机的大脑结构。这些实验为大脑可塑性提供了重要的实验证据。

基于对现有实证研究证据的分析可以推断，被试在学习和训练过程中调用认知加工的成分及其程度，与大脑激活的位置和水平有关。学习和训练对大脑的积极促进作用还可以表现为大脑激活层级变化，当大脑激活由高级功能区域激活转变为低级功能区域激活时，说明大脑加工效率提升。Song 等（2010）利用 ERP 技术研究了负责识别视觉图形的脑区在训练前后的活动变化，他们的实验任务为一项较复杂的视觉图形分辨任务。实验结果表明，训练初期学习引起 ERP 变化的区域集中在中央/顶区，训练后期，ERP 变化的区域退化到顶/枕区，研究者认为，学习使得人们对复杂图形的表征从视觉通路的晚期阶段移向了早期阶段。Song 等的研究也从另外一个角度说明了认知成分与神经系统之间的关系，识别和分辨复杂的视觉图形任务要求视觉、知觉及注意的参与，学习后，识别图形的任务可能不再需要注意成分的参与，因而负责加工的脑区可能会出现从高级功能代表区到较低级的皮层代表区的退化现象。

Kassubek 等（2001）在一项 fMRI 实验研究中也发现了类似的结果。该研究要求被试连续两天阅读两种字符，一种是正常呈现的字符，另一种是镜像字符（正常字符的镜像），实验目的是通过让被试学习识别镜像字符，从而掌握一项非程序性的知识。研究表明，经过两天的训练，被试对镜像字符的识别成绩显著提高，但对正常呈现的字符的识别成绩却没有明显的变化。脑成像数据显示，在学习镜像字符之后，阅读正常呈现的字符时，BA7 区脑血流量没有发生变化，而阅读镜像字符时，BA7 区的脑血流量减少，这与行为实验的结果相一致，这些研究说明学习和训练可以引起大脑皮层功能区活动状态的变化。

Draganski 等（2004）采用脑成像技术研究了接受杂技训练的成人学习前后脑结构的变化。12 名成年被试学习手抛三球杂耍，与 12 名未经训练的被试相比，3 个月后他们的颞中回及左顶内沟后部体积明显增大，而这两处脑区正是负责运动物体的感知和空间预期的区域。有趣的是，当训练组停止训练 3 个月后，再次与未训练组相比时，两组被试在这两处脑区的结构差异变小。

通过学习和训练某项任务来考察认知活动与大脑皮层功能可塑性的因果关系是脑科学研究的一个重要方法。基于正常大脑的研究比基于脑损伤的研究更具优势，这加深了人们对脑可塑性的理解，即大脑在发育关键期之后仍然可以通过学习塑造其结构和功能。在这里，研究者要避免将某种认知实验条件与大脑活动指标的相关研究判断为因果关系研究，这个问题属于方法学和逻辑推断问题，是需要研究者考虑的一个重要方面。

目前，研究者们对这些脑变化的深层次原因的分析存在着分歧，主要有以下三种观点。第一种观点认为神经细胞具有一定的可塑性，即突触联结是固定的，学习和训练可以使突触间的联结强度发生变化，出现联结强度增大或减小现象。第二种观点认为大脑皮层可塑性体现在神经回路的重构，学习和训练引起轴突和树突生长，引起神经系统的工作环路出现重构。第三种观点认为大脑皮层可塑性仅仅发生在单个突触水平上，并非大量神经元加工的重新整合。这些观点并不是互相排斥的，很可能这三种变化发生在学习的不同阶段。

3.1.2 双语经验对大脑结构的影响

儿童的大脑处于不断发育成熟的过程中，其大脑结构在不断完善，那么成人的大脑结构是否会因为学习和经验获得而改变呢？传统观点认为，大脑的解剖结构只会在老化和病理情况下发生变化。但近几年，这种观点受到了挑战。众多研究表明：成人的经验和学习也会引起大脑结构的改变。

（1）支持大脑结构改变的短期训练证据

Kwok 等（2011）的研究发现，短时间的颜色命名训练会使得成人左脑视觉皮层 V2/3 区的灰质增加，暗示成人的大脑具有极强的可塑性。在这项研究中，19 名中国成年被试学习两种不同绿色和两种不同蓝色的人工名称。经过 3 天的训练，他们的大脑灰质中与彩色视觉感知有关区域的容量增加了。Martensson 等（2012）对军校中接受 10 个月语言强化训练的译员进行了 3 个月的追踪研究。他们发现，与控制组相比，训练后这些译员的左额下回、额中回、颞上回及右侧海马回的灰质更厚，而且他们所学语言的熟练度也与左侧颞上回和右侧海马回的密度相关。

Hosoda 等（2013）训练日本被试学习英语 4 个月，结果发现，训练后被试的右侧额下回灰质和白质的密度增加，增加的幅度与他们的英语词汇量呈正相关，该研究直接证明了语言学习影响大脑结构。

以上研究说明，短时间的训练（数小时）也有可能改变大脑的结构，这种改变具体发生在哪个脑区及改变的程度如何与学习和训练任务的时间、难度、强度都有关系。

（2）支持大脑结构改变的自然学习证据

如前所述，大量研究证明了短期训练可以改变人类大脑，那么自然环境的学习和训练同样会改变大脑的结构，此类问题通常系用长期追踪范式进行研究。有研究者通过长期追踪的实验范式来研究第二语言学习带来的脑结构变化。Schlegel 等（2012）对 11 名报名参加 9 个月汉语学习的美国大学生进行了长期追踪，并且每个月都对其大脑进行结构扫描。结果发现，这些学生与未学习中文的控制组被试相比，他们的中文成绩与他们经典语言区域的脑白质连通性的变化程度呈正比。

另外，也有不少研究者通过对比单语者与双语者的脑结构来提供一些辅助信息。Mechelli 等（2004）的研究表明，双语者与单语者相比，左侧顶下皮层的灰质密度较大，而且早期双语者灰质密度增加的程度高于晚期双语者；第二语言熟练度、第二语言习得年龄对该区域灰质密度有影响，即第二语言越熟练、习得年龄越低，该区域灰质密度越大。这与近期的研究结果一致（Della Rosa et al.，2013；Grogan et al.，2012），这些研究表明顶下小叶（包括缘上回）与母语及第二语言的词汇知识储备有关。除此之外，Klein 等（2014）发现左额下回及顶上叶的灰质厚度与第二语言习得年龄呈反比。对大脑白质连通性的研究（Cummine et al.，2013；Mohades et al.，2012）也显示，双语者与单语者相比，左右侧额下回—枕叶纤维束的连通性不同，这说明第二语言的学习经验可以塑造大脑结构。

3.1.3 双语经验对大脑功能的影响

近年来，越来越多的神经语言学家对第二语言学习神经活动的变化产生兴趣，他们认为探讨语言学习与脑功能及结构变化的因果关系，可以深化对脑可塑性的认识。囿于技术上的局限，目前的研究难以直接对婴幼儿的语言学习神经机制进行考察，被试主要以成人为主。这些研究集中考察了自然条件下的第二语言学习及实验室条件下的语言训练引起的脑功能和结构的变化。不论是自然条件还是实验室条件，大多数研究采用的范式是在进行新语言学习前，要求被试完成一项言语任务，然后研究者记录其引起的大脑激活模式。实验任务要求被试进行为期数周或数月的新语言学习，学习后再次要求被试完成该项言语任务，然后研究者测量被试的脑激活模式。需要注意的是，在学习前后要设置基线任务，分析、比较两种任务条件下前、后两次扫描得到的图像，大脑激活模式的改变由新语言学习这一实验处理引发，从而明确语言学习对大脑功能的影响。这一范式可以较好地控制影响语言学习的各个因素，被语言认知神经加工研究广泛使用。

（1）支持双语经验影响大脑功能的短期训练证据

人工语言训练是研究双语经验对大脑功能影响的常用手段。McCandliss

等（1997）采用 ERP 技术考察学习人工语言时大脑的激活特点，该研究分别在训练前、中、后进行三次测试。结果发现，被试经过 5 周的语言训练后，加工新单词时被试的左前额叶和颞叶脑电波幅下降，训练后加工新单词的波幅与加工英语单词的波幅水平相当。这可能是由于训练提高了加工新单词语义的自动化程度，降低了大脑皮层的活动水平，引起脑电波幅下降。

Wang 等（2003）训练美国被试学习汉语的语调，通过语调学习让学习者重新建构语音分类表征，以考察成人知觉系统的可塑性。结果表明，语调任务的学习使得左脑 BA22 区激活程度增加。另外，在训练前没有出现激活的脑区（左脑 BA42 区和右脑 BA44 区），在训练后得到激活，研究者认为这可能是因为学习任务影响了大脑皮层的活动方式。Golestani 和 Zatorre（2004）的训练内容是让英语单语者学习辨识印地语的卷舌音。经过训练后，研究者发现这些英语单语者在完成辨识任务时，左颞上回、脑岛、额叶等脑区有更为强烈的激活。以上实验说明，学习对大脑可塑性的影响表现为皮层激活增强、大脑神经网络重构和激活层次的改变。

研究双语经验对大脑功能的影响还能对语言学习效果起到预测作用。Wong 等（2007）选取英语单语者为被试，实验任务为学习带音调的英语假词及其意义（图片呈现）。根据被试学习的进展，他们将被试分为学习成绩好的和学习成绩差的两组，结果发现，学习成绩好的被试比学习成绩差的被试在训练前、后都表现出更为强烈的左颞下回后部的激活，这说明我们有可能根据被试在语言学习前的脑激活模式预测其可能的语言学习成绩。

一项关于汉语—英语双语者的研究也发现了语言学习中的左颞下回后部的激活。Mei 等（2008）训练汉语—英语双语者学习一种类似韩语的人工语言，训练分两个阶段进行，第一阶段有 3 天，被试学习 20 个字符的词形、语音及语义，第二阶段有 7 天，被试要学完剩余的 40 个新词。结果发现，学习成绩好的一组在左颞中回有更强烈的激活，学习成绩差的一组在右侧额下回的活动更为强烈。这说明脑激活模式能够预测语言学习的差异。

随着神经网络技术的兴起，对第二语言学习脑机制的研究也出现了新的动态，研究者基于脑网络的角度探索大脑功能的变化。如 Sheppard 等（2012）重新分析了 Wong 等（2007）的研究数据，他们采用图论（graph theory）分析的理论方法，对学习成绩好和学习成绩差的两组被试的脑功能网络进行了对比，发现学习成绩好的被试与学习成绩差的被试相比，全脑效率更高、局部效率更低。Veroude 等（2010）也对第二语言学习引起的脑神经网络连接进行了分析，在他们的研究中，被试通过观看天气预报、微电影学习汉字。研究者们发现，学习过这些汉字的被试的双侧缘上回（supramarginal gyrus）之间的连接强度要高于没有学习过的被试，这种脑网络的差异反映了不同学习能力的双语者调用大脑各区域的能力不同。

Yang 等对第二语言学习中的词汇和语法学习引起的脑活动变化及其脑神经网络机制进行了系统考察（Yang et al.，2012；Yang et al.，2015）。在他们的研究中，以英语为母语的美国大学生接受了约 20 分钟的人工语法学习，学习分为内隐学习组和外显学习组两类，通过磁共振仪器进行语法准确性的判断，结果发现，两组学习者的双侧额中回、前运动皮层、脑岛、楔前叶及尾状回等区域都有较高程度的激活。然而与训练时一无所知的内隐学习组相比，在人工语法训练前接受明确指导语，明白自己即将接受语法训练的外显学习组的左顶上小叶和楔前叶的活动更为强烈；同样，内隐学习者在进行语法判断任务时，其左额下回、脑岛、扣带回及尾状核的激活程度更高。脑功能有效连接分析发现，内隐和外显这两种不同的第二语言语法学习方式依赖于不同的脑功能网络，内隐性学习更多地依赖额叶与基底神经节之间的连接。

Yang 等（2015）对美国人学习汉语词汇进行了短期训练研究。研究选取美国大学生被试完成 6 周的“汉语语音—图片连接”的训练，集中学习 48 个“语音—图片”的对应关系。与学习成绩较差的被试相比，学习成绩较好的学生在训练结束后对已学习的材料进行声调判断任务时，这些词汇的认知加工被自动激活，其前额叶运动皮层、额下回、颞上回后部（BA39 区）等区域的激活程度增加，与第二语言有关的脑区之间的联结更为紧密，说明脑功能网络更为紧凑、效率更高。

综上所述，在实验室条件下进行语言学习和训练的脑成像研究中，经常报告的几个区域是左额下回、左颞上回、左角回、左颞中叶及顶下小叶等。已有的研究结果不尽相同，造成研究结果存在差异的原因可能有以下几个方面：认知操作任务复杂，难以单独分离某个认知过程；第二语言的学习偏重语音、语义、句法学习的不同方面；脑成像研究统计方法的局限；刺激呈现方式的不同；语言刺激难以控制的自动化加工等（程凯文 等，2019）。

（2）支持双语经验影响大脑功能的自然学习证据

支持双语经验影响大脑功能的自然学习证据侧重在自然真实的状态下进行研究，这要与真实语言环境的学习进行区分。McLaughli 等（2004）设计了一项法语单词学习的课堂教学追踪实验，该实验分别在学习初期、中期和末期进行。在学习初期，经过 15 个小时的法语集训后，被试的任务是进行真假词汇的判断，实验的行为结果没有出现差异，但是判断假词时，被试出现明显的脑电波变化。这一研究说明，即使接受教学的时间很短，行为上没有体现学习成就，但大脑的活动方式已经发生了变化。

与采用 ERP 技术进行的研究相比，采用 fMRI 对第二语言学习进行长期追踪的研究才刚刚起步。2015 年，Grant、Fang 和 Li 报告了一项对美国大学生学习西班牙语的追踪研究，这些学习者在语言学习前后接受了同样的词汇判断任务，实验材料为西班牙语单词、西班牙语英语同源词及英语单词。研究发现，语言学习使语言控制中枢（如前扣带回）的活动减少，而控制中枢与语义加工的重要脑区（如颞中回）的联系增强。这似乎说明伴随着第二语言的学习，不仅语义加工的脑区功能活动有变化，语言控制中枢的活动及其与其他区域之间的脑网络联结也发生了变化。

3.2 研究第二语言词汇加工的认知神经科学研究方法

大脑成像技术的进步为研究者深入探讨第二语言词汇加工问题提供了工具，除了可以通过测查诊断失语症患者语言障碍的临床方法外，也可以采用一种无损伤测量大脑语言加工过程的方法。无损伤测量的方法为探究第二语言词汇加工的认知神经机制提供重要证据。

3.2.1 记录大脑电磁活动的方法

大脑在活动时，大量神经元同步产生的突触后电位经整合后会形成脑电波，这种电磁活动可以通过电极在大脑皮层表面测量到，这是一种无创性技术。例如，脑电图在临床应用中可以用于检查大脑状态（如睡眠阶段），脑电图可以连续记录大脑的活动状态。有研究从多角度持续记录了关于第二语言的加工过程（Reiterer et al.，2005），但大多数研究将这种持续记录与特定事件进行联结，形成与事件相关的脑电位，称为大脑事件相关电位（简称ERP），即当额外施加一种特定的刺激作用于感觉系统或大脑的某一部位，在给予刺激或撤销刺激时，或当某种心理因素出现时，在脑区所产生的电位变化。脑电波在头皮不同位置的记录值不同，为保证各实验室安放电极的位置统一，国际临床神经生理协会制定了统一的标准——10-20国际脑电记录系统（魏景汉 等，2010）。

研究者可以根据研究主题，通过实验设计引发特定事件，例如单词的呈现、典型句子结构的违反、序列中的奇怪声音或个人做出的反应。通过分析进行与语言有关的特定任务时大脑电位的变化，探究语言加工的认知神经机制。大脑事件相关电位技术主要分析潜伏期和波幅两种指标，其中，字母代表波幅的方向，N代表负向，P代表正向，字母后的数字代表潜伏期，即ERP波形出现的时间。大脑事件相关电位技术分析在许多试次中产生的波形的平均潜伏期和平均波幅等指标，分析脑电数据不同成分波形与特定的认知过程的关系（Abutalebi et al.，2008；Kutas et al.，2000）。下面列举一些在第二语言词汇加工过程中常用的经典脑电成分（侯友，七十三，2019）。

（1）N/P150成分

N/P150成分最初在词汇识别的研究中被发现。N/P150是一个双极性脑电成分，两种成分的时间窗口相同。P150成分主要分布在头皮相对靠后的右侧枕区，在同一时间窗口内还观察到一个负性的N150成分。N/P150两种成分的产生机制尚未明确，目前的研究证据显示，它们可能反映了相似的行为反应，因此我们将其初步划分为相同的ERP成分。

一些采用掩蔽启动范式进行的研究表明，N/P150主要反映启动刺激和目标刺激中每个字母位置的重复效应。Petit等（2006）采用掩蔽启动范式，选取单个字母作为启动刺激和目标刺激，结果发现，当启动刺激和目标刺激不匹配时，激活的N/P150成分波幅更大，当启动刺激和目标刺激变换大时，小字母也能产生较大的N/P150成分（例如，A-A vs a-A；C-C vs c-C）。实验结果说明该成分与早期加工中视觉特征编码和匹配有关。

Eddy等（2006）将启动刺激和目标刺激换成图片，进一步探讨材料类型对N/P150成分的影响。研究结果显示，与重复条件相比，当启动刺激和目标刺激的图片在物理特征上具有不同的特征时，两个方向相反的成分分别位于头皮的前部和后部。图片条件下与文字、字母条件下的研究发现的N/P150成分具有相似的极性、时间进程和头皮分布。在两类材料的不同振幅和潜伏期方面，字母和文字材料的 N/P150 成分的波幅在 0.5~1.0 μV 之间，而图片材料的波幅大于 2 μV。此外，图片材料的潜伏期比文字和字母材料的潜伏期延迟约 190 ms，图片材料波幅的增大和潜伏期的延长可能与图片包含的信息比文字和字母复杂有关。总的来说，这些研究表明早期的 N/P150 成分主要反映初期 90~200 ms 视觉特征水平的加工。

Chauncey 等（2008）的研究进一步证明了 N/P150 成分与启动刺激和目标刺激物理特征加工有关。他们同样采用掩蔽启动范式将启动刺激和目标刺激的字号（large vs small）、字形（same vs different）作为自变量，结果发现，字形的变化产生了显著的重复启动效应和交互作用，N/P150 成分的波幅变化较大，说明该成分对刺激的形式特征较为敏感，但是，字体大小的变化没有发现重复启动效应和交互作用。也就是说，N/P150 成分的重复启动效应不受字号大小的影响，说明 N/P150 成分反映视觉特征水平大小恒常性的加工过程。

Dufau 等（2008）以字符串为刺激材料，发现启动刺激和目标刺激字母位置的改变也影响 N/P150 成分。当启动刺激和目标刺激的字符串位置完全一样时，产生明显的重复启动效应，而当目标刺激的字母向左或向右移动一个字母的位置时，这种重复启动效应就消失了。这个实验证明，N/P150 成分反映刺激视觉特征与位置特定字母觉察器在视网膜定位的映射。

综合以上研究发现，对于词汇识别来说，N/P150 成分可能反映视觉特征到位置特定字符表征的映射。

（2）N250 成分

N250 是一个从 110 ms 开始出现，到 250 ms 达到峰值的负成分，这个成分也是利用掩蔽启动范式进行研究。目标刺激与启动刺激无关时比两者重复呈现时产生更负的 N250 波幅，称之为 N250 效应。该成分与 N/P150 成分存在两点不同：一是 N250 成分在大脑皮层具有较广泛的分布，且在头皮的中部和大脑左半球前部具有较大波幅，而 N/P150 成分在大脑前部和后部较为明显，且主要集中在右侧区域；二是在使用图片和字母材料的研究中没有发现 N250 效应，而 N/P150 成分对图片和字母的形状、位置较为敏感。

Grainger 等（2006）发现了语音启动的 N250 效应，在他们的研究中，启动刺激为与目标刺激语音重复、正字法匹配的假词（如 bakon-BACON vs bafon-BACON），启动刺激快速呈现 50 ms 且用图形来掩蔽。对于母语是英语的被试来说，假同音词“bakon”和真词“bacon”具有相同发音，在目标词呈现 225 ms 后出现了比较早的语音启动效应，与控制条件相比，假同音词启动导致 N250 成分的波幅显著减小。

（3）P325 成分

Holcomb 和 Grainger（2006）同样在采用掩蔽启动范式研究词汇识别的时间进程时，最先发现在刺激呈现后 325 ms 出现了一个 ERP 正成分，称之为 P325 成分。P325 成分反映大脑内部的整词表征加工，而且只有在启动刺激和目标刺激完全重复的条件下才可能出现。

Kiyonaga 等（2007）的研究也发现了这一成分，重复启动激活的波幅显著大于无关启动激活的波幅，然而重复启动和无关假词启动激活的波幅没有差异。这样就可以认为，假词没有词汇水平的表征过程，所以在整词的内部表征加工过程中就不会产生重复效应。Grainger 等（2006）发现了显著的假同音词启动的 P325 成分，证明 P325 成分既反映整词水平语音表征的加工，也反映整词水平正字法表征的加工。这一结论与 Pylkkänen 等（2002）利用 MEG 技术研究得出的结论是近似的，后者也认为 P325 反映了词汇水平的识别。

（4）N400 成分

N400 成分是语言加工研究最为经典的 ERP 成分。Kutas 发现的 N400 成分为语言加工脑机制研究提供了新的客观指标，开创了以 ERP 技术研究语言认知加工的新时期（魏景汉 等，2010）。他们主要研究句子末尾的语义违反，当末尾词语义与句子意义不一致时，出现 N400 成分。实验句子以词汇的形式逐个呈现，每个词汇呈现 1 s，每次由 7 个词组成一个句子，被试的任务是默读句子，为了保证被试认真阅读，实验结束后需要被试回答与句子有关的问题。句子分为 3 种：第一种是正常句子，这一条件下句子的语法、语义、字母大小都正确。第二种是句子的语法、字母大小都正确，最后一个词为语义违反词。例如，“她早餐吃了一个桌子”，此时“桌子”即为语义违反词。第三种是句子的语法、语义都正确，将句子的最后一个词的字体变大。对三种条件下 ERP 成分的分析发现，第三种条件下字体变大的词汇诱发了 300 ms 的正成分，第二种条件下句末的语义违反词诱发了一个 400 ms 左右的负成分，语义违反词与正常词 ERP 波形相减将得到一个顶部（Pz）分布的单相差异波 N400，这个成分被命名为 N400 成分。在随后的研究中，研究者们改变刺激的呈现方式，在词语语境中呈现目标词时也发现了 N400 效应（Ruz et al.，2003）。

早期采用快速掩蔽启动范式的研究发现，不论是在重复启动还是语义启动条件下，均能诱发不同的 ERP 成分。与非重复条件（或无关条件）相比，重复条件（或者语义相关条件）下 N400 成分的波幅明显减小（Bentin et al.，1985；Chwilla et al.，1995；Holcomb，1988；Olichney et al.，2000；Ratcliff & McKoon，1988；Yamagata et al.，2000），这些研究均认为，N400 效应的影响因素主要是刺激词汇的语义属性与句子背景的一致性程度。然而，目前对于 N400 成分的实质的认识尚未达成共识，还存在不少争论。

第一种观点认为，N400 成分是判断词汇识别中意识控制参与程度的重要指标。Brown 和 Hagoort（1993）最先探讨了语义启动中无意识加工或自动激活是否影响 N400 成分的表现问题。实验设置了掩蔽和非掩蔽两种条件，结果发现，N400 效应在掩蔽条件下不显著，在非掩蔽条件下出现显著的 N400 效应，研究者由此推断 N400 成分并非自动的词汇通达过程，而是反映语义整合过程，这种整合过程包含更多、更复杂的信息。词汇后的整合过程往往需要语义的控制加工（任桂琴 等，2009）。但是，后来的研究（Grossi，2006；Kiefer et al.，2000）对上述结论提出了挑战，他们在掩蔽条件下进行的研究也出现了显著的 N400 效应，并认为 N400 成分与词汇加工中的自动激活过程有关。Deacon 等（2000）的实验将启动刺激和目标刺激的语义相关性作为实验变量，也发现无论启动是否被掩蔽，与语义相关条件相比，语义无关条件均产生较显著的 N400 效应，即启动效应会对 N400 成分产生显著的影响。由于 N400 成分的掩蔽启动效应是在被试对词汇意义进行自动加工的条件下产生的，因而 N400 成分代表词汇自动通达过程。Grossi 等（2006）和 Kiefer 等（2000）在较短的 SOA 条件下也观察到了 N400 成分的掩蔽启动效应，该实验结果表明，N400 成分可以代表词汇的无意识自动加工。两类研究产生了不同的研究结果，这可能与研究者使用的实验范式、实验材料和被试类型不同有关，若想要更细致地检验矛盾的观点，就需要设计更为精细的实验方案。

第二种观点认为，N400 成分可能还反映词汇识别中词形与语义连接的加工过程。Holcomb 等（2002）采用词汇判断任务和语义分类任务，通过控制目标词汇正字法邻居词汇的数量，发现正字法邻居多的词汇比正字法邻居少的词汇所诱发 N400 成分的波幅明显偏负。所以，N400 成分不仅反映词汇的整体激活，还部分地反映词形与语义连接的加工过程，而且这种连接受到形态（正字法和语音）和语义表征联合激活的影响。Massol 等（2010）

采用掩蔽启动范式，进一步证明 N400 成分反映了整词水平表征到语义表征的映射。

Holcomb 等（2005）通过两个实验分别探讨了重复启动和语义启动的 N400 效应，启动刺激的呈现时间分为 40 ms，80 ms 和 120 ms 三个水平。结果表明，重复启动的 N400 效应与启动刺激的可见度（识别程度）没有关系，而语义相关启动的 N400 效应可以通过启动刺激的可见度来预测。他们由此认为，N400 成分并不是反映词汇后加工的语义整合过程，也不是直接地反映单一的自动激活过程，而是受到启动刺激自动激活的调节，这种调节作用反映了在目标刺激的加工过程中，从启动刺激获取的字形信息或语义信息对形义连接的影响。在进一步的研究中，研究者进行了调整，将 SOA 作为研究变量。Holcomb 和 Grainger（2007）发现 SOA 对这种掩蔽重复启动效应的 ERP 成分有明显的影响，在较短的 SOA（小于 300 ms）下能够产生很强的重复启动效应。Holcomb 等（2009）进一步探讨了 SOA 为 70 ms 条件下，重复启动和语义相关启动的 N400 效应，结果发现 N400 效应只出现在重复启动条件下。语义启动效应的消失是由在启动刺激短暂呈现的情况下，从启动刺激获取的语义加工的数量和类型有限造成的。

这些具有不同潜伏期，且在大脑皮层有不同分布的独立脑电成分均得到了部分实验证据的支持，为研究语言不同阶段的加工过程提供了客观、具体的指标。从整体上看，这些不同时间窗口的脑电成分（N/P150 成分、N250 成分、P325 成分、N400 成分）在整个大脑皮层具有较广泛的分布。

需要注意的是，特定事件相关的潜在成分和特定认知过程之间的联系并非一一对应的，梳理以往的研究，我们不难发现，实验结果难以得出一致的结论，这与实验者的研究目的和研究方法有关。另外，由于语言加工的过程需要调用较多的认知成分和大脑资源，且大脑活动以神经网络形式运行，不同区域的功能较为复杂，因而在使用这些成分解释认知神经机制时要针对具体问题具体分析。由于大脑事件相关电位技术具有较高的时间分辨率，因此在第二语言的研究中优势明显。事件相关电位以毫秒级为测量单位，而行为反应一般以按键反应时和正确率为测量指标，行为指标容易受到许多因素的影响而造成反应偏差（Tokowicz et al.，2005）。

总体而言，由于大脑事件相关电位具有较高的时间分辨率，采用事件相关电位技术可以解释某些认知加工的时间进程，但是该技术不能解释负责某些认知加工的大脑区域，因为 ERP 技术在大脑皮层表面记录的电信号可能是由于大脑内部不同活动引起的。虽然有一些算法可以用来解决这个问题，但这些措施是复杂的，它们的使用仍然有一些争议（Luck，2005；Slotnick，2005）。更重要的是，ERP 技术和它们所基于的脑电图不能记录所有的大脑活动，这是因为头皮记录技术只允许从特定配置的神经元记录，这些配置允许活动在大脑皮层表面累积（Stern et al.，2001）。穿过头骨后大脑皮层表面记录的脑电信号相对较弱，照明、电梯等噪音信号容易对脑电信号产生强烈的干扰。此外，事件相关电位的记录需要通过谨慎的技术操作来提高信噪比，同时保证数据的完整性。

此外，脑磁图（MEG）也是一种无创测量脑磁活动的相关技术。该技术比事件相关电位技术具有更好的空间分辨率，但该技术主要记录大脑皮层沟（槽）的活动，而事件相关电位可以记录大脑皮层脑回（脊）的活动。因此，在第二语言的实际研究中，脑磁图的应用比事件相关电位技术少。

3.2.2 测量大脑结构和血流量的方法

大脑结构或功能的测量常常通过磁共振成像（MRI）、功能磁共振成像（fMRI）、计算机断层扫描（CT）和正电子发射断层扫描（PET）等技术来完成。磁共振成像技术是利用磁共振现象从人体中获得电磁信号，并重建人体信息的一种技术。功能磁共振的原理是利用磁共振造影来监测神经元活动所引发的血流动力学改变。计算机断层扫描是利用射线与探测器一同围绕人体部位做断层扫描。正电子发射断层扫描是一种在细胞分子水平进行人体功能代谢显像的医学影像技术。基于体素的形态测量（VBM）是一种在体素水平对脑磁共振影响进行分析的技术，以确定随时间或跨个体的各种大脑结构中经验诱导的可塑性（即变化）。这些关于大脑结构的信息可以用来回答与第二语言学习相关的问题。

Stein 等（2012）使用基于体素的形态测量来研究浸入式第二语言学习，他们主要关注大脑结构的变化及其与语言熟练度的相关性。研究选取在瑞士学习德语的英语母语者为被试，被试需要完成两次测试：一次是刚去瑞士时，另一次是在瑞士居住大约 5 个月后。实验通过被试完成德语—英语单字翻译测试后所得和完形填空两项测试后所得的总分来衡量其语言水平，这两项测试要求被试在完成句子时做出语义和句法上的正确回答。Stein 等将分析重点放在灰质的体积上，发现两个测试时间点之间被试熟练度的变化与两个大脑区域左额下回和左前颞叶耳垂的体积增加正相关。在先前的研究中，这些大脑区域与语义和句法加工有关（Vigneau et al.，2006）。

在第二语言处理的研究中，功能磁共振成像（fMRI）比结构成像（structural imaging）更常用，因为fMRI更关注测量结果与特定任务相关的变化。这项技术利用血氧水平依赖性（BOLD）变化来评估大脑特定区域的活动量。更具体地说，这项技术涉及间接测量大脑不同组织耗氧量的变化，因为神经元需要消耗血液中的氧获得能量以维持活动。

大脑认知活动的变化引起血氧水平的改变，可以通过设置实验变量比较大脑加工不同任务、不同刺激时的功能状态。例如，许多关于第二语言处理的功能磁共振成像研究都提出了这样一个问题："双语者在加工两种语言时，是否激活了相同的大脑皮层区域?"这一领域的开创性研究从1997年开始由Kim等进行，他们研究了双语者加工两种语言的大脑活动。他们发现，晚期双语者的大脑额叶皮层在加工两种语言时都很活跃，大脑额叶随着年龄的发展逐步成熟，这突显了第二语言习得年龄在大脑组织中的重要作用。然而，该研究的被试来自不同的双语群体，这也引发了一些质疑（Abutalebi et al.，2008）。Stowe和Sabourin（2005）认为，现有证据在很大程度上支持两种语言利用共享的大脑皮层资源的观点，但同时也强调了将第二语言能力与习得年龄分开考虑的重要性。

大多数研究使用功能磁共振成像来检查双语者大脑的结构和功能，当然也可以使用其他成像方法。例如，正电子发射断层扫描等方法也可以提供脑功能的可视化参考。然而，这些技术中的任何一种都有各自的优缺点。例如，PET研究需要注入放射性染料，这种技术很难重复测试。因此，研究方法的选取应该视研究问题而定（Huettel et al.，2009）。此外，其他分析技术可用来分析磁共振成像数据，以评估大脑结构，包括弥散张量成像（Fernandez-Miranda et al.，2012）。

3.3 第二语言词汇加工语音激活的脑机制

掌握词汇的语音是词汇学习的重要任务之一，词汇加工的过程涉及语音激活、词汇产生的音韵编码、词汇表征的语音加工过程。此外，对于成人学习第二语言语音为何难以达到第一语言语音同等熟练程度的问题，本节将从该问题的影响因素方面进行分析。

3.3.1 第二语言词汇加工语音激活假说

研究者对语音信息加工的神经机制进行了系列研究，但目前仍存在许多分歧（Wong，2002；Shtyrov et al.，2005），这些分歧主要集中在大脑左右半球言语功能的偏侧化问题上，即大脑左右半球在进行听觉词汇加工时根据哪些线索来进行分工协作，在语音信息加工的过程中左右半球如何发挥协同作用。为解释这些问题，以下四种假说提出了不同的观点。

（1）右半球假说

右半球假说认为，语言符号本身的信息会在右半球进行加工，言语认知加工信息在左半球进行加工，然后通过胼胝体对两种信息进行整合（Klouda et al.，1988）。婴幼儿时期是语言发展的关键期，Homae 等（2006）为了进一步研究婴儿在感知语言信息时的大脑激活模式，选取 3 个月大的婴儿为被试，运用红外光学成像技术对睡眠中的婴儿理解声调时的大脑激活模式进行了研究。结果发现，婴儿的大脑对语言信息及音调变化较为敏感，在正常的语言条件下和无音调变化的语言条件下，婴儿大脑的左右半球都会得到激活。对比两种条件下的大脑激活模式发现，与无音调变化的语言条件相比，正常的语言条件下婴儿大脑右侧颞顶区激活水平更高，说明婴儿大脑右半球对音调的加工更具优势。这一研究结果还表明，若想实现婴儿语言能力的早期发展，为婴儿输入包含各种音调的语音信息是至关重要的。

（2）大脑皮层下组织加工假说

大脑皮层下组织加工假说认为，语音信息的产生和加工是由皮层下组织（subcortical structures）进行调节的，而不是由大脑的哪一半球负责的（Cancelliere et al.，1990）。Homae 等（2007）的另一项研究揭示了 10 个月大的婴儿语音加工的脑内激活发展变化。实验采用红外光学成像技术研究婴儿加工音调时的大脑激活模式。结果发现，婴儿的右侧颞叶、颞顶叶和双侧前额叶区，在无音调变化的语言条件下比在正常的语言条件下会产生更大程度的激活。如果婴儿对无音调变化的语言并不熟悉，则会在皮层上产生额外的激活。这说明，10 个月大婴儿的大脑中已经具有了加工母语中部分超音段信息的神经机制。将 Homae 等于 2006 年与 2007 年所做的研究进行对比，研究者认为婴儿对语言的加工过程需要经历分析音调信息、运用已有的语言结构进行对比、整合输入三个过程。

（3）功能单侧化假说

功能单侧化假说也被称作任务依随假说（the task-dependent hypothesis）。声音刺激的心理功能是该假说最受关注的特性，该假说认为在决定大脑功能偏侧化的特点上，声音刺激的心理功能比声音刺激的声学特征发挥更大的作用。以往的研究证明大脑左半球负责抽象思维、右半球负责形象思维，若声音刺激中包含与词汇语义相关的言语信息时，大脑的左半球激活程度高；反之，若声音刺激中包含与词汇语义无关的言语信息时，大脑的右半球激活程度高（Baum，1998；Liberman，2000）。

功能单侧化假说得到了大量研究的支持，这些研究都表明对母语词汇中声调的加工更多地发生在大脑左半球，研究者认为大脑左半球对声音刺激的功能特性比对声音刺激的声学特征更为敏感，这就将声音刺激的功能特性和声学特征区别开来，声音的功能特征和声学特征可能具有不同的大脑激活区域。Gandour 等（2002）为了进一步考查大脑左半球在加工声音刺激功能特性的激活模式，以泰语为母语的被试和汉语为母语的被试为研究对象，采用 fMRI 技术，研究被试在加工泰语声调和元音时的大脑激活模式，结果发现，只有以泰语为母语被试的大脑左半球前额下皮层在加工声调时得到了激活，而以汉语为母语的被试没有表现出这样的特点。

汉字属于表意文字，其构字特点与拼音文字具有较大差异，形音要素在汉字语义通达中均具有重要作用。为了进一步考查以汉语为母语的被试在加工声调时的大脑激活模式，Gandour 等（2003）采用 fMRI 技术，对以汉语为母语的被试对汉语声调和语调的认知加工过程进行了研究，发现在加工汉语词汇音调时，被试大脑的左半球具有更大的优势。之后，采用跨语言的研究范式，Wong 等（2004）运用 PET 的方法，以汉语声调和英语音高信息为实验材料，分别考查了汉语被试和英语被试在加工汉语和英语音高信息时的大脑激活模式。结果发现，以汉语为母语的被试辨别汉语声调时，其大脑左半球的脑岛前部皮层被激活了，而在辨别英语词汇中的音高信息时，大脑右半球的对应区域则被激活了。以上这些研究结果都表明，大脑功能的偏侧化优势在加工声音刺激的心理功能时更为敏感。

（4）声音假说

声音假说也被称为线索依随假说（the cue-dependent hypothesis）。与功能单侧化假说相反，声音假说认为声音刺激的声学特征比心理特征更能决定大脑功能偏侧化特点。在声音刺激的声学特征中，该假说最为关注的是声音刺激的频谱特性和时间特性，认为大脑右半球在加工反映频谱变化的声音刺激（spectrally variant sounds）时具有优势，而大脑左半球在加工反映时间变化的声音刺激（temporally variant sounds）时更具优势（Zatorre et al.，2002）。许多支持声音假说的研究者都认为声音刺激的声学特征比心理功能更能决定大脑功能的偏侧化（Poeppel，2003）和言语加工时大脑功能的偏侧化（Shah et al.，2006；Warrier et al.，2004；Luo et al.，2006）。对汉语声调和语调的研究也发现，无论声音背景是否为言语背景，汉语声调和语调虽然具有不同的心理功能，但声学特征相同，在早期加工过程中都表现出了大脑右半球的加工优势（Ren et al.，2009）。这一研究结果有力地支持了声音假说。

3.3.2 言语词汇产生中的音韵编码机制

言语词汇产生包括概念准备、词条选择、词形编码和发音。词形编码阶段（或称为音韵编码阶段）将为语音计划做好准备，使得说话者能够提取词汇的音韵形式进行发音。Levelt 等（1994）将音韵编码阶段又分为音段编码、韵律编码和音节编码等一系列过程（图 3-1）。Levelt 等（1999）提出的 WEAVER 模型对拼音文字言语产生中的音韵编码过程进行了阐述，该模型是所有音韵编码模型中最详细的模型之一。

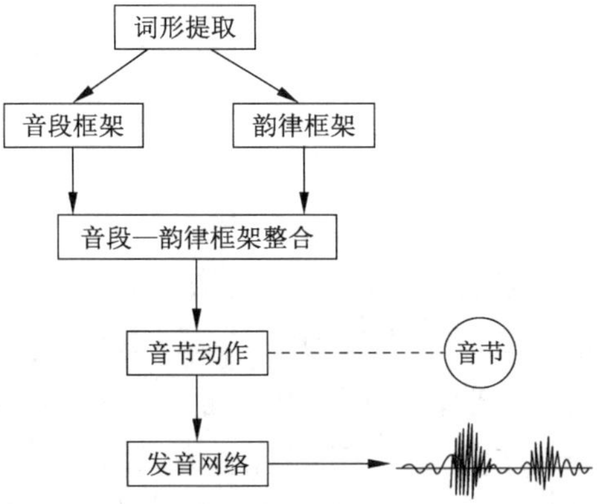

图 3-1 言语产生中的音韵编码模型（Levelt et al.，1994）

根据 WEAVER 模型，音韵编码开始于词汇的词形从心理词典中通达之后，如“table”。首先，音韵编码系统提取词形对应的音段和韵律框架。音段和韵律框架的提取是平行进行的，并在提取后进行整合（Levelt et al.，

1999；Roelofs et al.，1998）。在音段提取阶段，词形的音段（音素）按从左到右的顺序被提取（如/t/，/ei/，/b/，/→/，/1/）；在韵律提取阶段，词汇的韵律框架信息被提取，这些信息至少包括音节数、词汇的重音位置（如“table”包含两个音节，重音在首音节），以及音节的结构，如“table”的首音节/tei/，包含一个辅音和一个元音。然后，进行“音段—韵律”框架的结合（segment-to-frame association）。在此阶段，之前提取的音段信息和韵律框架相结合，音段以递增的方式插入韵律框架中去，如“ta. ble”（点表示音节边界）按从左到右的顺序进行结合，形成音韵词（phonological word），即一个或多个音节组成的词。音段编码阶段采取递增式与韵律框架相结合的假设，得到了很多实验研究的支持（Meyer，1990，1991；Wheeldon et al.，1995）。一个音韵词或韵律词包含一个或多个心理词典项目（lexical item），负载一个重音信息，构成音位结构限制和音节划分。音节的划分一般按照音节划分原则和语言特异的原则进行（Roelofs，1997）。这一阶段所得到的音韵词不一定与语法词（syntactic word）相同，因为某些语法词，如代词或介词，本身并没有重音，要附着在其他词上，共同形成一个音韵词，如短语“the pilot of the airline”中的介词“of”将附着在pilot上，共同形成一个重音在首音节的三音节音韵词汇。Roelofs（1997）为该理论提供了计算机模拟的依据。该计算机模型假设在“音段—韵律”框架开始结合时，由于缺乏完整的音段信息，采取一种暂时不确定和重新开始的机制，即“音段—韵律”框架的结合可以在全部音段提取之前开始，直到剩余音段提取完全才完成，这样“音段—韵律”框架的结合还可以再重新调整。这种机制使得音韵编码能够在不同的言语背景下具有一定的灵活性。

“音段—韵律”框架相结合后，得到的音韵音节（phonological syllable）将激活心理词典中对应的语音音节（phonetic syllable）（Cholin et al.，2004，2006；Levelt et al.，1994）。这些被激活的音节会进入下一个发音动作程序（motor program），用于控制发音运动，并最终执行发音（overt speech）（Guenther，2003）。与Levelt等的WEAVER模型不同，Dell（1986）的音韵编码模型认为，音节是存储在词形的心理词典（word form lexicon）中的独立表征，是在音韵编码阶段从心理词典中直接提取词汇的音韵表征。

3.3.3 语言表征中的语音加工

除了词汇加工和言语产生过程，语言表征也涉及语音加工。学习第二语言具有一定的难度，以至于很多人在付出了很多努力之后，仍然无法达到母语者的水平。最明显的表现就是，第二语言的发音总是带有母语的口音。很多过了青春期以后才开始学习第二语言的人受到母语发音的影响更大。

有研究者发现，即使是非常熟练的早期双语者，仍然有可能无法确切辨别第二语言中的某些最小语音单元，第二语言的语音表征仍然与母语存在一定的差异。Sebastián-Gallés 等（2006）探讨了母语和第二语言在心理词典中的语音表征，研究中被试为早期的熟练西班牙语—加泰罗尼亚语双语者（3 岁前就掌握了两种语言），其中一类被试以西班牙语为主导语言，另一类被试以加泰罗尼亚语为主导语言。研究分为两组：实验组从加泰罗尼亚语中取出一些含有/e/的单词，改变其音素构成实验材料，要求两组被试判断听到的词是真词还是假词；控制组是替换加泰罗尼亚语单词中的某个音素，但是替换的音素为两种语言中都存在的音素。结果发现，两类被试在控制组的行为反应和脑电反应方面没有显著差异，而在实验组，两类被试的差异显著：以西班牙语为主导语言的被试很难辨别实验中替换的假词，在行为反应上错误率更高，在脑电反应上诱发了一个 ERN（error related negativity）脑电成分。这一实验结果充分表明，即使是熟练度非常高的早期双语者，第二语言的语音表征也很难达到母语语音表征的程度，对第二语言中音素对立的知觉仍然会存在困难。

为了探索母语和第二语言语音表征是独立的还是共享的，有不少研究者从神经的角度研究第二语言的语音表征和母语的语音表征问题。Dehaene 等（1997）等用 fMRI 技术，考察母语为法语、7 岁之后开始学习英语的双语者进行以故事为实验材料的语篇理解时的大脑反应。实验条件分为两种：一种只用母语呈现故事；另一种使用第二语言呈现故事。结果发现，当听母语时，所有被试的左侧上沟及其附近区域都比较一致地被激活了。而听第二语言时，激活模式上存在很大的个体差异。总的激活区域包括左侧颞叶、右侧颞叶和前额区域等，有些被试仅右侧颞叶被激活了。这说明其对母语的加工有比较一致的神经基础，而第二语言加工的神经基础在被试间的差异很大。语篇阅读与被试的知识经验、理解能力有较大的关联，听第二语言的大脑激活模式的个体差异可能是由这些因素导致的，虽然第二语言语音表征的神经机制存在较大差异，但两种实验条件下大脑激活模式的差异至少说明母语和第二语言的语音表征不同，对于第二语言语音表征问题的探索需要选取更为精细的实验范式。Callan 等（2004）同样使用 fMRI 技术，考察了两组被试在感知英语音位对立（如/r-l/）时的神经活动机制。一组被试为英语母语者，另一组被试为以日语为母语、过了儿童期以后学习英语的第二语言学习者。结果发现，两组被试在脑区的激活区域上有很大的差异，英语母语者在前部颞上回有更多的激活。这说明相对于第二语言学习者来说，英语母语者更多地依赖音位的听觉表征。

以上研究结果表明，第二语言学习者加工第二语言语音信息时的脑激活模式与母语的差异很大。但是，也有研究者指出，这种差异依赖于第二语言的熟练度，熟练的第二语言学习者加工第二语言语音时的激活模式与加工母语语音的相似。Winkler 等（1999）采用失匹配负波的范式，考察第二语言学习者对第二语言语音的知觉模式是否和母语者的知觉模式相同。实验选取两组匈牙利人为被试，一组为匈牙利单语被试，另一组为熟练匈牙利语和芬兰语双语被试。实验过程中给被试听觉呈现连续的芬兰语语音刺激。结果发现，熟练匈牙利语和芬兰语双语被试产生了和匈牙利语单语被试相似的失匹配负波。这表明第二语言的学习过程改变了大脑的语音加工机制，使熟练双语者在使用第二语言时出现类似于母语者的语音感知机制。另有研究者认为，第二语言的语音表征和母语的语音表征能否达到相似程度与语言学习的关键期有关。影响成人语音表征的因素主要是后天的训练和学习，而影响婴儿时期语音表征的因素主要是语音输入的统计分布。这种统计分布能够使第二语言的语音范畴与母语的语音范畴相融合，从而使两种语言的语音表征非常相似（Dehaene-Lambertz et al.，2004）。也就是说，接触第二语言的语音越早，越可以更为流利地进行第二语言语音表征。

当一个人到说另一种语言的群体中生活一段时间以后，他说母语的方式也会发生改变（Munro et al.，1999），这也说明语言使用经验对语音表征会产生影响。比如，美国人去英国生活一段时间以后，说英语的方式也会带有一点英国人的腔调。即使是完全没学过某些语言的人，在经过短期的集中训练之后，发音和感知都能够得到很大的提高。这也说明大脑在语音的习得过程中具有可塑性。Maye 等（2002）采用词汇判断任务证明了这个可塑性。在该研究中，被试先听一些不带口音的英语单词和一些人工合成的英语单词。这些人工合成的单词是通过改变原来单词中的元音而形成的假词，比如，将“witch”的发音改为“wetch”。结果显示，经过 20 分钟的学习，被试对假词的判断成绩有了显著的提高。而且更重要的是，他们能够从假词的发音中提取规则并用于判断未学习过的词。研究者认为，这说明对外国口音的适应过程涉及一个非词汇加工的过程（nonlexical process）。采用脑电失匹配负波范式的研究也发现，短期的集训之后能够明显地观察到脑电模式的变化（McClelland et al.，2002）。但是这种短期培训的方法也存在一定的问题：首先，这些研究大多采用合成的语音材料，集中训练的环境非常单调，且多数研究只训练被试感知简单的音节。其次，这些训练一般要求被试感知非常基础的声学特征的变化，而日常生活的言语感知比这种情况复杂得多。短期培训的语言研究可以为探究言语感知的认知过程提供证据，但是有一点需要强调，科学研究的最终目的仍然是更好地解释日常言语的感知，这需要研究者丰富言语感知的研究范式。

近年来，一些知觉学习范式的研究更深入地揭示了语音表征可塑性的内在机制。Norris 等（2003）设计了一些语音刺激，这些刺激处于/f/-/s/这一连续体中较为模糊的位置，将 20 个包含这种模糊语音刺激的词与 200 个填充词混合在一起，播放给被试听，后续测试发现，被试对/f/-/s/的辨别边界发生了变化。可见，被试已经调整了语音表征，使之适应新的音素，并且这一过程发生得非常快。

总的来说，这些研究都说明，人们可以调整已有的语音表征，使之适应新的语音信息。这里就涉及一个问题，就是既然语音表征是可塑的，那么人们是修改前词汇表征（prelexical representation）以适应新的语音输入，还是修改表征中的词汇条目（lexical entry），或者是修改两种信息呢？当前，大部分的研究都支持语音表征的重塑过程调整了前词汇信息的加工，但是词汇条目是否被修改仍是存在争议的问题。Sebastián-Gallés 等（2005）提出，人们在调整语音表征以适应新语音信息的同时，创建了一个新的词汇表征，他们考察了早期的熟练西班牙语-加泰罗尼亚语双语者在音素对立上的知觉。当实验任务为辨别西班牙语和加泰罗尼亚语语言相似音素时，以加泰罗尼亚语为主导语言的被试的反应有所下降，辨别成绩不是很好。研究者认为，这是因为被试经常沉浸在以西班牙语为主导语言的语言环境中，而这些语言环境中的人群发音时带有西班牙语的口音，在这样的环境中生活久了以后，以加泰罗尼亚语为主导语言的被试可能修改了自己的语音表征，这也表明，长期沉浸于第二语言环境中，人们可以修改原有的语言表征，并在原有的语音表征中添加第二语言的语音信息。

从以上研究结果来看，母语的表征比第二语言的表征更具有可塑性。

事实上，很多现实生活中的例子也表明，母语者能够很容易地调节他们的母语表征以适应环境，比如，在国内，一些外来人口在讲当地语言的时候一般都不太标准，但是汉语是我们的母语，这些外来人口可以毫不费劲地感知这些不标准的发音，进而调整语音表征。而这种能力对于第二语言学习者来说是欠缺的，学了美式英语的人听英式英语的时候一般会比较费劲，学习者很难调整第二语言的语音表征。

3.3.4 第二语言语音学习的年龄效应

（1）第二语言语音学习年龄效应的表现

如何正确发音是第二语言学习中遇到的重要问题之一，在一些移民国家，我们可以看到一种现象，儿童时期移民的孩子在成长过程中使用新国家的语言几乎没有口音，而成年移民的第二语言口音却非常明显。大量事实证据证明，第二语言的语音学习存在一定的年龄效应。

在研究年龄效应时，年龄变量通常被称为习得年龄（AOA），在一些研究中也使用了“学习年龄”这一概念，它通常被定义为一个人在自然环境中第一次接触非母语的年龄。对于第一代移民来说，习得年龄常指移民到一个新国家的年龄，因此，一些研究人员使用术语“移民年龄”来指第二语言的接触年龄（Rogers et al.，2008；Rogers et al.，2010）。也有一些个体出生在目标语言国家，但第一次接触目标语言是在上学以后，那么此时的习得年龄是指他们开始定期接触目标语言的年龄。AOA 信息通常是通过语言背景问卷获得的，被试在问卷中报告了自己首次接触目标语言的年龄。

在特定研究中，AOA 变量通常以两种方式之一进行操作。一种是根据 AOA 将被试分成两组或更多组。例如，研究通常包括儿童学习组和成人学习组（Baker et al.，2006；Flege et al.，2006），或早期学习者组和晚期学习者组（Lee et al.，2006；Piske et al.，2002）。一些研究可能包括多个 AOA 组，如 MacKay 等（2001）的三个组和 Archila Suerte 等（2012）的四个组，以及 Flege 等（1995）的十个组。第二种方法是将 AOA 视为连续变量而不是分类变量，并在数据分析中使用回归分析等统计程序来评估 AOA 的作用（Jia et al.，2006）。年龄效应的评估是通过考察将被试的第二语言习得年龄作为自变量后，被试在言语感知或言语产出方面表现出来的变化来完成的。

众多研究已经有比较一致的证据，证明了第二语言习得年龄与语音发展、语音处理有一定的关联。在大多数研究中，早习得学习者在感知和产出方面都优于晚习得学习者。例如，Flege 及其同事（Flege，1991；Flege et al.，1995；Flege et al.，1999；Flege et al.，2006）研究了西班牙语、意大利语和韩语—英语双语者在不同 AOA 下的语音产出准确性。受试者的英语单词发音是根据专家提供的评分和声学两方面进行评估的，在所有这些研究中，早习得学习者比晚习得学习者在测量中有更好的表现，Rogers 等（2010）也报告了类似的第二语言语音学习的年龄效应优势。

不过也有研究报告的结果与上述结果相反。Lee 等（2006 年）的研究没有显示出年龄效应。他们测试了早期和晚期的韩国人和日本人在重音和非重音音节中的元音生成情况。实验按照以下标准分组：语言、持续时间、强度和元音发音质量。被试被分为早期组和晚期组，早期组和晚期组的平均 AOA 分别为 3.7 和 21.0。在控制了有利于韩国人的持续时间变量后，早期组和晚期组在实验任务中表现出非常相似的模式。

系列研究证明，成年学习者享有最初语言学习的优势，但从长远来看，在自然环境中，低龄学习者可以赶上或超过成年学习者。其中，Aoyama 等（2004）考察了被试对英语中/r/和/l/区分，该实验选取 16 名说日语的儿童和他们的 16 名父母为被试，研究采用纵向追踪的方式，对抵达美国后的 6 个月内和 1 年后的被试分别进行了两次测试，结果表明，儿童组的英语/r/的发音比英语/l/的发音有较大的提高。在第二次测试中，儿童对/l/-/r/和/r/-/w/的辨别力显著好于 1 年前。此外，Aoyama 等（2008）重点研究了被试对/s/和/θ/的感知，/f/、/s/和/θ/的产生，该研究以母语为日语的儿童和成人为被试，他们分别在抵达美国后的 0.5 年（T1）和 1.6 年（T2）接受两次语音感知和产生的测试，结果发现，在 T1 时间进行测试时，成人的语音感知和产生高于儿童，儿童的英语摩擦音在两次测试间有显著提高，并且语音的外国腔也发生了显著改变，而成人被试在两次测试间没有发生变化。Oh 等（2011）研究了习得年龄对第一语言和第二语言元音产生的影响，结果发现，第二语言元音的产生受到习得年龄的强烈影响，并且存在一种动态的交互作用，第一语言的元音和第二语言的元音相互影响。目前的研究已经确认了早期语音发展的优势。然而，关于这一结论，应该指出两点：第一，通过对已有文献的整理发现，这种年龄优势往往只适用于自然环境中的第二语言学习，课堂环境下的第二语言学习可能会有很大的不同（Krashen et al.，1979）；第二，早期学习者的表现比晚期学习者的表现更好并不一定意味着早期学习者可以达到本土语音水平。

（2）第二语言语音学习年龄效应的理论解释

研究者们对语言学习中的年龄差异提出了许多解释，特别是在语音发展方面。20 世纪 70 年代和 80 年代提出了几个因素，统称为情感因素，包括态度、动机、移情、自我渗透、焦虑和自我意识。这种情感或社会解释被一些研究者认为是“不充分的”（Long，1990），那么本小节将从认知神经和神经语言学的角度对语音的年龄效应进行解释。

如前文所述，大脑具有一定的可塑性，特别是在青春期前后，一些临床数据表明，大脑损伤导致的语言丧失如果发生在青春期之前，在一定程度上可以实现功能补偿。当大脑的左半球受到损伤后，右半球可以发展语言功能。然而，如果大脑损伤发生在青春期之后，这种补偿的可能性要小得多。同时，大脑发育的偏侧化也使得成人很难改变左、右半球的功能，以适应第二语言的本土发音。Scovel（1969）在第二语言习得研究中阐述了他的观点：“在 12 岁前掌握一门没有外国口音的语言能力似乎是合理的，这与偏侧化尚未成为永久性的事实直接相关。”也就是说，他认为成人学习第二语言时无法获得接近母语的发音并不是偏侧化本身导致的，而是成人过了青春期以后，大脑的可塑性相对变差，语言的优势半球已经难以改变，这种相对固定的大脑功能使得双语者在学习和使用第二语言时往往带有外国口音。

另一种不同版本的神经生理学方法是将儿童与成人之间的差异归因于神经元成熟导致大脑建立新联系的能力下降，这一观点的代表人物是 Pulvermüller 和 Schumann。这个观点的核心是假设髓鞘化和大脑可塑性之间存在必然的联系：一个神经细胞，或神经元，有一个轴突与其他神经元的轴突联结来传递信息。髓鞘化是神经元轴突被髓鞘包裹的过程，髓鞘是神经胶质细胞中的一种物质，用于神经元间电信号的快速传导，它是大脑成熟的重要部分（Pulvermü et al.，1994）。他们假设髓鞘化过程可能导致突触可塑性的丧失，使有髓鞘的神经元更难建立新的联系或加强现有的联系。假设语言学习和其他学习一样，依赖于神经元建立新的联系，髓鞘化使语言学习更加困难。因此，在青春期前后，大脑外侧裂语言皮质的神经元可塑性降低，这就解释了为什么在青春期前后学习一门语言变得困难。

一些研究者从神经认知的角度出发，认为年龄效应是由不同习得年龄的学习者使用不同的认知策略或认知过程导致的，这是大脑发育成熟的结果。因此，这种方法与神经生理学方法相似，认为大脑发育成熟是年龄效应的最终原因，但与神经生理学方法不同的是，它假设了一个中间因素，即认知策略，将大脑成熟与语言学习联系起来。Archila Suerte 等（2012）提出了将不同习得年龄学习者的神经认知过程与语言学习联系起来的具体建议。他们的出发点是大脑皮层不同位置的发育成熟时间不同。这种说法类似于 Pulvermüller 和 Schumann（1994）提出的观点，支持感觉运动和内隐学习的大脑皮层下区域发育成熟较早，调节高级认知/外显学习的皮层区域发育成熟较晚。他们推测，早习得学习者在接触母语和第二语言输入的同时，能够利用内隐和感觉运动过程来建立和区分语音类别。因此，他们能够在早期接触到的任何语言中发展出本土的语音表征。而晚习得学习者必须依赖于显式的、更高层次的认知过程。然而，这种观点没有明确说明为什么晚习得学习者不能使用内隐过程。

3.4 中日双语者日文语音加工的 ERP 研究

前面探讨了在词汇识别、词汇通达和词汇表征领域语音激活的相关理论及研究成果，现以中日双语者加工日文单词时的语言激活研究为例，探讨第二语言词汇通达的语音加工过程（李敏，2008）。

心理词典（mental lexicon）这一概念是由 Treisman 首先提出的假说（详见 1.3），他认为，每个语言使用者的心理都有一个结构有序、可以按一定程序通达（access）的词汇表征。当一个人掌握了两种语言后，语言又是如何表征的？对于第二语言语义通达的问题，Potter（1984）等提出了两种可能模型，即词汇联想模型（word association model）和概念中介模型（concept mediation model）。两种模型都认为两种语言的概念表征是共同的，词汇表征是独立的。Markus（1998）的研究把被试的水平也作为一个变量，发现低熟练度的学习者学习第二语言（L2）都要先通过第一语言（L1）词汇表征（形/音）的中介才能和第二语言的语义形成联结，因此其心理词典表征结构是词汇联结模式，对于高熟练度的学习者来说，两种语言的词汇表征结构没有直接联系，需要通过语义才能形成联系，其心理词典表征结构为语义中介模式。

完全相似或完全不相似双语者的心理词典表征结构及其联结的机制，都可以用该模型解释。但是，中文和日文除了在汉字形式上具有相似性外，在其他方面具有很大的差异性。中日两国在历史上进行过较为频繁的文化交流，其中汉字也是交流的一部分。两国在汉字上的交流经历了两个历史阶段：日本明治维新以前，中国的汉字传入日本；明治维新以后，由于受到欧美各国的影响，日本产生了很多新生事物和概念，日本人基于汉字的造字规律，创造了属于日语的特有词汇，如“料理、写真”等，这些词汇传入中国，逐渐被中国文化吸收。文化交流的加深使得中日两国的词汇系统有一定的融合，同时也有各自独立的特点，一些同形词在两国间保留了下来（司趁云，2013）。由于两国社会制度和文化背景不同，因而中文和日文的意义和用法发生了巨大变化。

大河内康憲（1992）认为同形词是“不论是哪方借用哪方的，双方使用同一汉字（不论繁简）书写的词语”，该定义从单一维度强调了两种词汇要具有相同的形态要素。我国学者在界定中日同形词的概念时，不但考虑了形态要素，还考虑了历史词源和现实使用两个因素。潘均（1995）提出判断同形词需要考虑以下三个必要条件：书写相同的汉字（不考虑繁体和假名因素）；具有共同的词源和历史关联；中日两国都在使用的词汇。学者施建军（2014）也在基本形态要素标准的基础上提出了三条补充原则：一是词汇构成要素历史上曾经使用相同的汉字；二是日语借用汉语的训读词汇；三是中日之间存在严格对应关系的词汇，以上原则满足一条即可纳入中日同形词研究的范围，该界定标准扩大了中日同形词的纳入范围，为深入研究中日同形词词汇加工提供了依据，本书在此标准范围内开展同形词研究。

中日同形词在各自的语言系统内存在一定的语义范畴，这种语义范畴是一个动态变化的过程，与社会环境、自然环境的改变具有密切联系。在两国语言文化交流过程中，政治、经济、文化、生活习惯、自然环境等因素的差异导致中日同形词的含义发生了较大的变化，产生了不同类型的同形词。1978 年日本文部省对教科书中的汉语词进行了调查，将中日同形词分为同形同义词、同形类义词、同形异义词和非中文词四类。我国学者曲维（1995）根据中日同形词的词义将同形词分为以下三类：中日词义基本相同的同形词；中日词义局部相同的同形词；中日词义完全不同的同形词。

以上两种分类的角度不尽相同，前一种分类考虑了日语中特有的非中文词。日本在借用汉字表达本国特定文化的过程中，会利用汉字的基本构造进行组合造字。汉字本身具有稳定的基础结构，可以分解组合，非中文词就是根据汉字的原理创造出来的，符合日本文化特征的日语特有字词。后一种分类与日本文化厅的分类基本相同，但需要注意的是，在汉语词汇中同义词和近义词的分合是存在争论的。主张“义近说”的观点认为意义相近的词属于同义词；主张“义同说”的观点认为同义词要在词性、词义、概念和事物等关系上完全相同，所以近义词不属于同义词范畴（邹雪，2005）。实际上，中日同形词的语义可以理解为由相同到不同的连续变量，很难找到绝对相同的或绝对不同的。鉴于近义词的归属争论，本书将中日同形词划分为同形同义词、同形异义词和非中文词三类。以往划分不同词类的标准都是语言系统的规则，如词形、词义、文体色彩、褒贬含义等。潘均（1995）提出，随着社会的发展和时代的变迁，词汇所代表的意义会发生变化，区分同形同义词和同形异义词还要根据社会文化背景下的使用情境进行评定。

本书选取的三种对应的中日同形词分别为以下三种：一是书写结构、词汇意义与日文汉字完全相同或只有很小差别的词，即同形同义词（如“打算”）；二是书写结构相同但词义不同的同形异义词（如“便宜”）；三是日文中特有的词，即非中文词（如“生徒”）。这些词有的采用音读，即汉字在日语中按照日语对汉语的译音读出来；有的采用训读，即使用该汉字在日本固有同义词汇的读音。因此，语义通道过程中语音究竟起到何种作用需要进一步探讨。

由于中文与日文词汇具有复杂的演变关系，加上日文的音读词借用中文发音训练词独立发音，因而中国学生学习日文时，日文的词汇通达可能受到母语语音的影响，这种影响可能是由资源的竞争引起的。词汇联想模型和概念中介模型都没有把中日两种语言的这种“竞争”关系表示出来，单纯地运用两种模型也不能解释第二语言词汇通达中的语音作用。

本研究试图采用事件相关电位（ERP）技术来解决上述问题。这种技术以精确的时间模式，使我们能够通过实验设计，对比两种语言在词汇通过加工中大脑活动时间进程的异同。应用 ERP 技术考察词汇加工的主要成分有 200 ms 左右出现的正/负波 P200/N200 和 400 ms 左右出现的负波 N400 等。一般认为 P200/N200 成分与视觉词汇的词形加工有关。另外，N400 对语义非常敏感。在运用 ERP 技术研究语言时，研究者发现，当一个句子在符合语法的情况下，某一个词出现语义违反（即不符合语境的词）时，则会在这个词呈现后的400 ms左右出现一个负波，这种负波称为N400 。本研究根据ERP的这些功能设计了一套包括3种不同类型词（同形同义词 、同形异义词 、非中文词）的词汇，通过语音判断任务，考察日文词汇加工受中文影响的大脑机制。

3.4.1 实验方法

（1）被试

被试为国内某大学日语专业本科学生20名（男生3人，女生17人），视力或矫正视力正常，右利手，平均年龄（22.6±1.6）岁。所有被试均以汉语为母语，平均日语学习时间为（3.5±1.5）年，全部通过国际日本语能力测试二级，属于较高水平学习者。实验完成后有一定报酬。

（2）实验软件及仪器

使用E-Prime技术编制实验程序，实验材料用15英寸、刷新率为50 Hz的显示器呈现，记录反应时和正确率。脑电数据由128导联脑电仪（美国EGI公司生产C-AMP-128-2000-001型）收集。

（3）实验设计

实验采用语音判断任务，选取单因素设计。中日同形词的类型分为同形同义词、同形异义词、非中文词三种水平。

（4）实验材料

从《国际日语能力考试新大纲词汇手册》中选取三级、四级水平同形词和非中文词600个。7名中日双语大学生对词汇材料的熟悉度用李克特5点量表进行评定，1代表非常不熟悉，5代表非常熟悉。选择熟悉度大于4的同形词和非中文词分别为380个和186个，其中，186个非中文词由7名未学习日语的大学生进行再次评定后确定为176个，380个同形词由7名中日双语大学生使用李克特5点量表进行词义一致性评定，1代表语义完全不同，5代表语义完全相同，取平均数大于4.5的词汇作为同形同义词，平均数小于2的词汇作为同形异义词。匹配材料的部件、笔画和音节数量，最终保留的正式实验材料为120个词汇，每种类型各40个，材料匹配情况见表3-1。

表 3-1　三种类型词汇的平均数（标准差）

匹配内容	同形同义词	同形异义词	非中文词
部件	4.16（0.43）	3.85（0.36）	3.88（0.24）
笔画	17.73（7.59）	16.88（5.82）	16.83（5.60）
音节	3.73（0.05）	3.73（0.05）	3.58（0.79）

将词汇标出假名，称为“一致假名”，即正确假名，再给每个词汇匹配一个（音节数相同）错误假名，称为“不一致假名”。为避免反应策略影响判断的准确性，一致假名和不一致假名的假名数目相同。最后共形成120组刺激材料，每组材料包括一个刺激词和两个目标假名。假名一致项和不一致项的排列顺序是随机的。

（5）实验程序

使用E-Prime程序呈现实验材料，采用语音判断任务展开实验研究。电极安装好后，被试面对计算机屏幕坐好，视距为80 cm。首先，屏幕中央呈现注视点“+”300 ms，接着呈现空屏、刺激词和空屏各300 ms，然后屏幕一上一下呈现两个假名，汉字为28号宋体字，假名为28号Times New Roman字。汉字和假名均呈现在屏幕中央，最大视角不超过2.5°。要求被试判断哪一个假名与刺激词的读音一致并迅速做按键反应。如果上边的假名与刺激词一致，则按左键；如果是下边的假名与刺激词一致，则按右键。若被试超过3000 ms不做反应，计算机则按照错误反应记录。正式实验之前让被试有足够的时间练习。实验流程如图3-2所示。

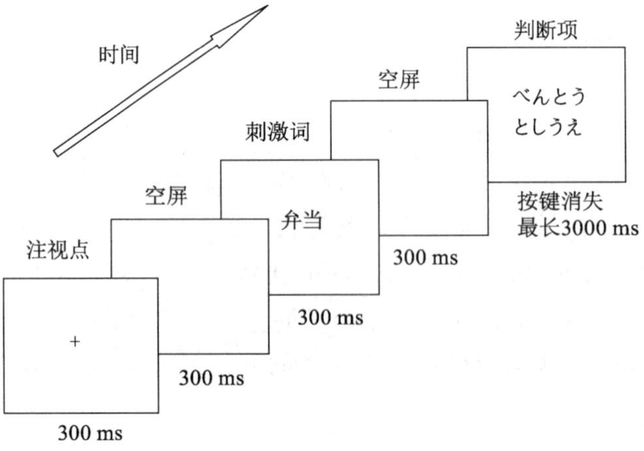

图 3-2　实验流程

(6) 对数据的收集、管理

电极与头皮接触的电阻均在 50 kΩ 以下，参考电极为中心点（vertex），在双眼外侧、上下各安置一个电极来记录水平眼电和垂直眼电。滤波带通为 0.1~100 Hz，采样频率为 250 Hz。将连续记录的原始脑电数据离线进行 30 Hz 的低通滤波，然后以刺激词呈现前 200 ms 和后 1000 ms 为标准进行分段，在去除包含眼动等伪迹的数据段后，把相同条件下的数据段进行平均，再经过基线校正和全脑平均，得到每个被试在不同实验条件下的平均波形图。

ERP 数据：分析时程为刺激词呈现后的 1000 ms，基线为刺激词呈现前 200 ms。根据相关文献和本实验的 ERP 总平均波形图，选取 P200 和 N400 的平均波幅和潜伏期进行分析。

行为数据：对语音判断的反应时和正确率进行统计分析。用 SPSS 10.0 对数据进行统计处理。

3.4.2 结果与分析

(1) 行为结果

使用 SPSS 10.0 统计软件对数据进行统计分析。所有被试的行为数据均有效，在正式处理之前，删除平均数±2 个标准差的极端数据，判断错误的反应时不计入统计，见表 3-2。

表 3-2 中日双语者日文语音判断的反应时和错误率

行为指标	同形同义词	同形异义词	非中文词
反应时/ms	787.33 (30.60)	768.43 (25.79)	776.43 (26.12)
错误率/%	0.07 (0.01)	0.06 (0.02)	0.05 (0.01)

注：括号内为标准差。

对反应时进行基于被试的重复测量单因素方差分析，结果表明，词形主效应被试分析差异不显著，$F_1(2,38)=1.23$，$p>0.05$；基于项目的单因素方差分析差异不显著，$F_2(2,57)=0.12$，$p>0.05$。

对错误率进行基于被试的重复测量单因素方差分析，结果表明，词形主效应被试分析差异不显著，$F_1(2,38)=1.11$，$p>0.05$；基于项目的单因素方差分析差异不显著，$F_2(2,57)=0.32$，$p>0.05$。

根据对行为数据的分析，我们可以看出，不同词形在反应时和错误率上都没有差异。行为结果表明三类日文词汇的语音判断没有差异。

（2）脑电结果

表 3-3 是 Fz 电极上 P200（150~250 ms）和 N400（300~450 ms）成分的平均波幅。图 3-3 是三种类型的词汇在 Fz，Cz，Pz 点的 ERP 总平均波形图。图 3-4 是三种类型的词汇分别在 200，400 ms 的地形图。使用 SPSS 10.0 统计软件，分别对以上 2 种成分在 19 个电极上的平均波幅进行分析。17 名被试中 13 名被试的数据可用，每个条件下眨眼破坏的段不超过总数的 1/3。

表 3-3　Fz 点平均波幅　μV

ERP 成分	同形同义词	同形异义词	非中文词
P200	1.729543	1.515901	0.835536
N400	1.129840	0.419748	−0.06097

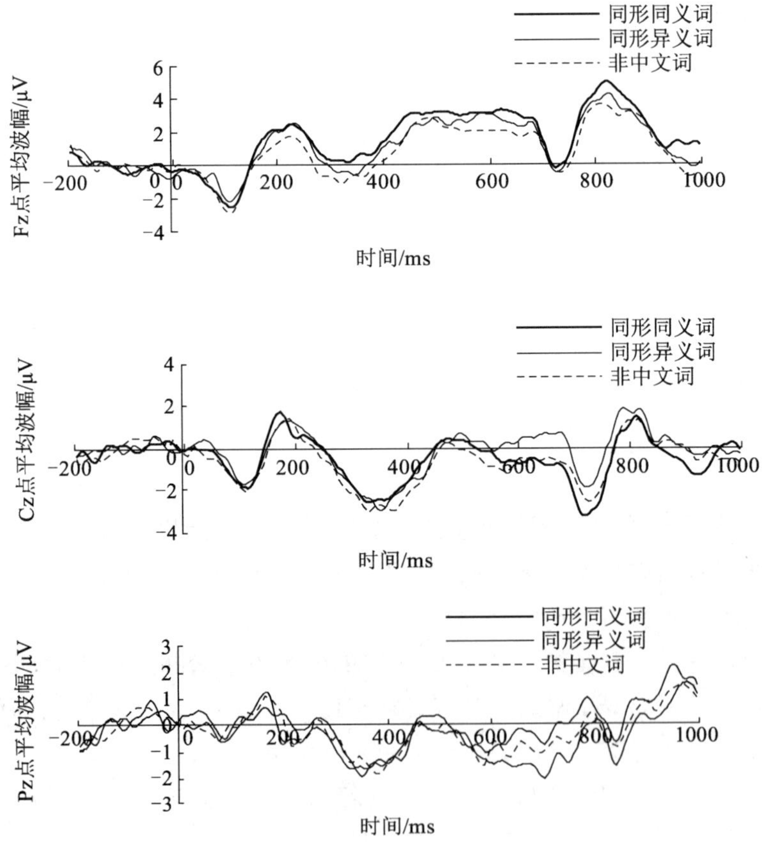

图 3-3　Fz，Cz，Pz 点的 ERP 总平均波形图

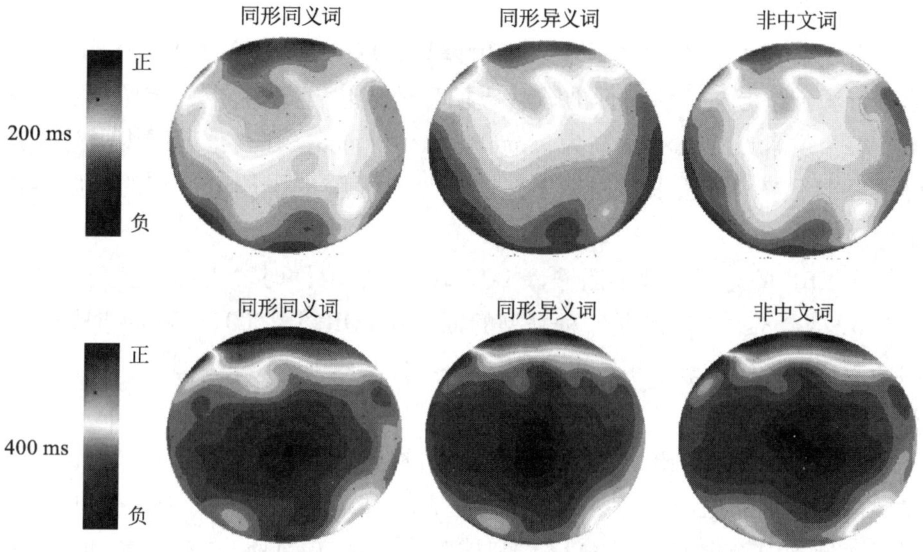

图 3-4　三种类型的词汇分别在 200，400 ms 的地形图

① P200 成分

三种不同类型的词汇进行重复测量分析，即 3（同形同义词、同形异义词、非中文词）×19（10-20 国际系统电极点）的方差分析。语音判断任务下，潜伏期的词形主效应差异不显著，电极主效应差异显著，$F(18,216)=10.97$，$p=0.00$，词形和电极的交互作用不显著；波幅的词形主效应差异不显著，电极主效应差异极其显著，$F(18,216)=7.04$，$p=0.00$，词形和电极的交互作用极其显著，$F(36,432)=3.96$，$p=0.00$。

② N400 成分

对语音任务下三种不同的词汇类型进行重复测量分析，即 3（同形同义词、同形异义词、非中文词）×19（10-20 国际系统电极点）的方差分析。语音判断任务下，潜伏期的词形主效应差异显著，$F(2,24)=4.76$，$p<0.05$，电极主效应差异不显著，词形和电极的交互作用不显著；波幅的词形主效应差异不显著，电极主效应差异极其显著，$F(18,216)=6.79$，$p=0.00$，词形和电极的交互作用极其显著，$F(36,432)=2.44$，$p=0.00$。

对平均波幅词形因素与电极交互作用进行简单效应检验，结果发现，P200 的词形效应主要发生在 Fp1，Fp2，P3，P4，Cz，Pz 电极，表现为非中文词比同形词产生更大的波幅。N400 的词形效应主要发生在 Fp2，P3，P8 电极，波幅的差异表现为同形同义词与同形异义词之间的差异。

（3）源分析

由于 ERP 成分的平均波幅表现出差异，LORETA 方法被用来对 ERP 数据进行源定位分析。它将标准球状头模型分成包含 2394 个三维像素点的区域，每个像素点的长×宽×高为 7 mm×7 mm×7 mm，在这个范围内通过使用寻求最平滑解的算法求逆向算子，以计算出大脑皮层放电活动的大脑内部来源。

将 ERP 的总平均波形图输入 LORETA 中，取样时段为刺激呈现开始后的 200，400 ms。图 3-5 是三种类型的词汇在 LORETA 200，400 ms 时间窗口内的激活区域图。表 3-4 是 200，400 ms 时间窗口内不同类型的词汇的最大激活区域。

从图 3-5 可以看出，在 200，400 ms 的时间窗口内，同形同义词的主要激活区域为辅助运动区（BA6）和内侧额前回（BA11）；同形异义词的主要激活区域为内侧额前回（BA11）和枕叶视觉区（BA18）；非中文词的主要激活区域为枕叶视觉区（BA18，BA19）。

根据对 P200，N400 平均波幅及脑定位的分析，我们发现对于 P200 和 N400 成分，三种类型的词汇的差异主要表现在大脑的额叶皮层。

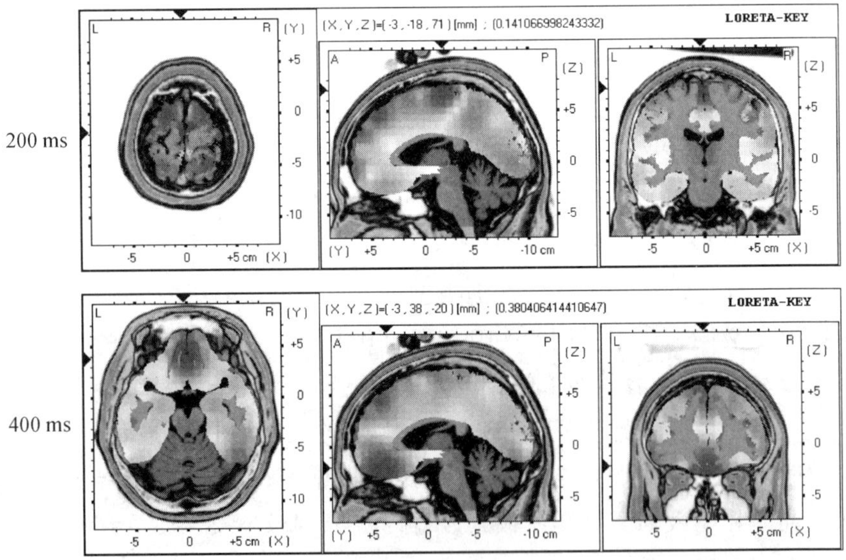

(a) 同形同义词

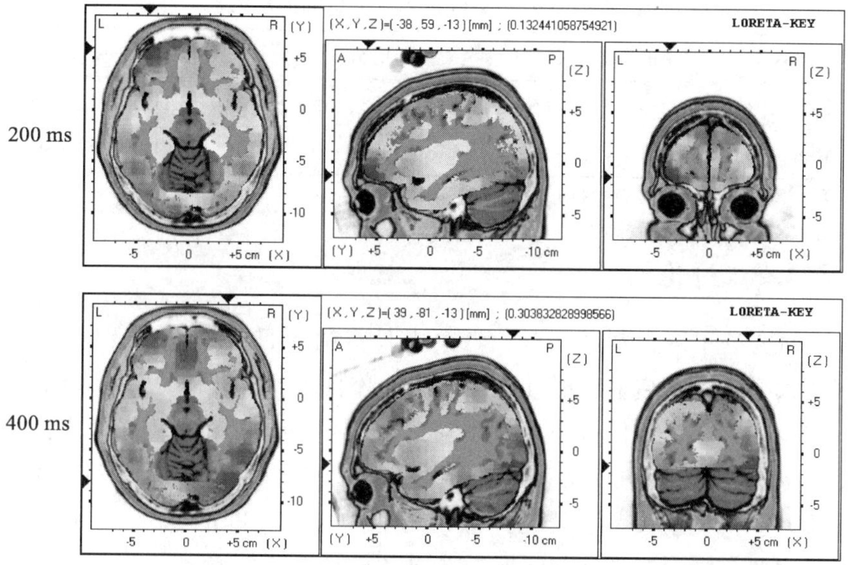

(b) 同形异义词

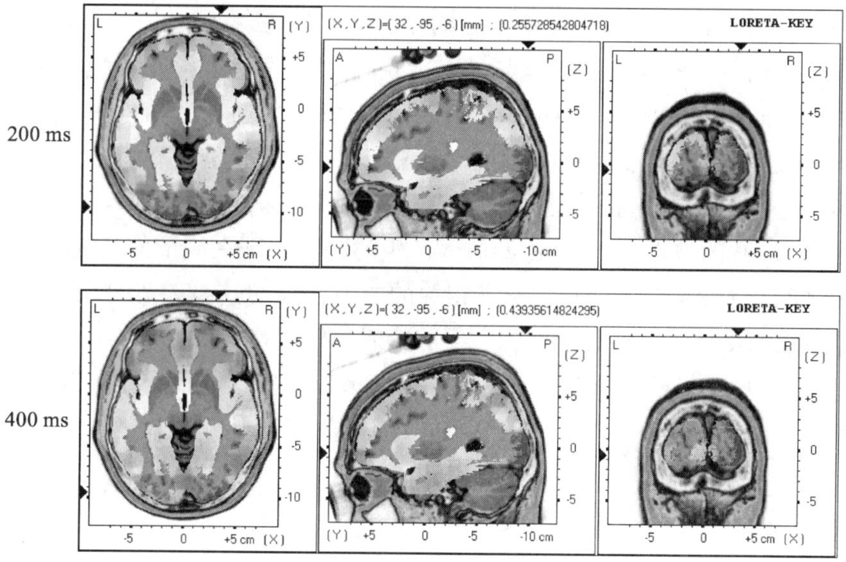

(c) 非中文词

图 3-5　三种类型的词汇在 LORETA 200，400 ms 时间窗口内的激活区域图

表 3-4　200，400 ms 时间窗口内三种类型的词汇的最大激活区域

时间/ms	同形同义词	同形异义词	非中文词
200	BA6（−3，−18，66）	BA11（−33，55，−13）	BA18（32，−98，0）
400	BA11（3，42，−20）	BA18（40，−79，−13）	BA19（33，−95，3）

注：括号内为 x，y，z 轴的坐标值。

3.4.3　讨论

本研究基于语音判断任务，考察中日双语者日文词汇语音通达的时间进程及大脑机制，结果发现日文词汇在语音通达时脑机制的不同效应。

实验在语音判断任务下，发现对三种类型的词汇的加工在大脑额叶具有 200 ms 和 400 ms 两个时间段的显著差异。从 Fz 点的 ERP 总平均波形图看，200 ms 产生的差异主要是同形词与非中文词之间的差异，400 ms 产生的差异主要是同形同义词与同形异义词之间的差异。

从语言学的角度看，同形词和非中文词的差别在于是否可以在中文中找到对应词。非中文词没有相对应的中文词的存在，那么加工词形信息时不会产生竞争，而同形词都有与其对应的中文词汇，即存在相应的 L1，那么在加工同形词的词形信息时，L1 和 L2 之间就会发生竞争。这种竞争的产生就使大脑在加工同形词时区别于非中文词，这种竞争表现为在 200 ms 的同形词比非中文词产生更大的波幅。

从 N400 的波形上看，在 400 ms 产生的差异出现在同形同义词和同形异义词之间，而 N400 成分是与语义相关的成分，证明这种差异是由语义之间的竞争引起的。有研究也表明，左下前额区包括 BA44/45 和 BA47、邻近区域（Cappa，1998；Fiez，1999），以及颞—枕顶联合区（BA39/19）（Mummery，1998；Price，1997）在阅读中有激活。额叶前下回外侧（BA44）与语义分析有关，左下前额区（BA47/45）也是负责语义加工和提取的主要活动区域（Fiez et al.，1998；彭聃龄 等，2003）。本实验中 ERP 波形差异出现在额叶，从图 3-6 可看出，在 200，400 ms 同形词的激活区域主要在大脑额叶。

我们认为，这种差异是由同形词和非中文词两种词形与中文词词形的连接方式不同造成的。同形词中，不论是同形同义词还是同形异义词，在中文中都有相对应的词汇，如“兄弟”一词，属于同形同义词，在中文中存在相对应的中文词“兄弟”；“新聞”一词，属于同形异义词，在中文中也存在相应的中文词“新闻”；而非中文词“運転”，在中文中没有对应的

中文词。这就使同形词在激活 L2 语音的过程中会与 L1 发生竞争。实验结果显示，在 200 ms 同形词比非中文词产生更大的波幅，证明了这种竞争的存在。而 N400 成分是与语义相关的成分，证明这种差异是由语义之间的竞争引起的。我们认为，这种语义间的竞争是由同形同义词、同形异义词两种词汇与母语词汇是否一致引起的。被试加工同形同义词时，由表层信息通达到语义信息的过程中会自动激活母语语义，自动激活的母语语义和该日文词汇真正的语义是一致的，不存在竞争关系。而被试加工同形异义词时，这个自动激活的母语语义与该日文词汇真正的语义是不一致的，存在竞争关系，也正是由于同形异义词的这种竞争关系的存在，使得同形异义词在 400 ms 时比同形同义词产生更大的波幅。这些结果都为语音激活过程中存在语义竞争提供了证据。

通过源分析发现，在 200，400 ms 的时间窗口内同形同义词的主要激活区域为辅助运动区（BA6）和内侧额前回（BA11）；同形异义词的主要激活区域为内侧额前回（BA11）和枕叶视觉区（BA18）；非中文词的主要激活区域为枕叶视觉区（BA18，BA19）。

Tan 等（2003）在汉字同音字判断和意义判断的研究中发现，左额中回在加工汉语时是激活最强的区域，此区在美国人和中国人之间有最大的功能差异。研究者认为，该区主要调节汉语加工相对复杂的认知资源分配，左额中回（BA10）的最前部负责汉字笔画视觉空间的精细分析。

Hernandez（2001）用 fMRI 技术对比熟练的西班牙语—英语双语者使用一种语言或交替使用两种语言对图片命名时激活的脑区。结果发现，左半球前额叶（包括背外侧前额叶 BA46 和 BA9 区）及布洛卡区 BA44 和 BA45 区均有激活，这表明两种语言在激活模式上没有什么不同，激活的脑区重叠。本实验发现了日文同形词与中文有相同的激活区域，我们认为这是由日文同形词与中文的相似性引起的，这与 Hernandez（2001）的拼音文字相似双语的研究结果一致；而非中文词的激活区域是加工日文特有汉字的大脑区域，这点与拼音文字双语的结果是不同的。

从反应时和错误率的结果来看，三种类型的词汇没有显著差异。被试的语音虽经过母语词汇系统的中介，存在母语与日语的语音竞争，但在语音信息的竞争过程中，日语语音信息增强，母语语音信息渐弱，最终日语语音信息达到激活阈限，从而做出正确判断。

本研究中行为数据（反应时和错误率）没有表现出明显的差异。这是因为：本实验任务的行为数据主要反映被试看到两个备选发音后的选择判断结果，而 ERP 数据反映的是大脑在加工第一个刺激词时的大脑活动，ERP 数据关注的是第一个词。所以 ERP 结果和行为结果考察了不同的问题，也表明 ERP 更敏感地反映心理过程的大脑机制。

3.4.4 结论

被试加工日文三种不同类型词汇的语音时，在大脑额叶存在 200 ms 出现的词形竞争和 400 ms 出现的词义竞争。虽然在加工的过程中出现竞争，但被试对三种类型词汇进行判断的行为结果是一致的。

3.5 第二语言词汇加工的脑机制

3.5.1 视觉词汇识别的脑机制

从最初的视觉分析到词汇的识别，由多个复杂的加工阶段组成，每个阶段都具有相应的神经基础。最初级的加工是对视觉呈现的光点的识别，主要由外侧膝状体（lateral geniculate nucleus，LGN）完成，它对光点的局部对比度敏感。多个光点组成线条及方向，主要由初级视觉皮层 V1 区完成加工。进一步的加工由次级视觉皮层 V2 区完成，它对多个线条所组成的轮廓敏感。然后在 V4 区识别出各个不同形状的字母，对不同形状的字母敏感。更高级的加工对抽象的字母符号和字母大小写敏感，但对字母形状不敏感。更为复杂的抽象词形加工，则对双字母及整词敏感，主要由颞叶和枕叶下部交接的梭状回负责加工。

梭状回不同区域对视觉刺激具有不同的知觉功能。例如，梭状回中后部对人脸选择性敏感（de Beeck et al.，2006），梭状回纹状区对身体部位选择性敏感（Downing et al.，2006），梭状回中部的 BA37 区对视觉词汇刺激选择性敏感，BA37 区的激活不受词汇呈现的大小、字体及呈现视野、书写方式的影响（Dehaene et al.，2004），该区域被称为 VWFA 脑区（Cohen et al.，2000；Cohen et al.，2002；Cohen et al.，2004）。

Cohen 等（2000）对胼胝体后部受损患者的词汇识别能力进行研究，当视觉词汇刺激投射在患者的右侧视野时，患者能够正常完成阅读任务；但是当刺激投射在左侧视野时，患者难以正常阅读，表现出逐个字母阅读的现象。Cohen 等推测，胼胝体后部受损导致左侧视野传递给右脑的信息只在右脑完成初级视觉加工，加工后的信息无法传递回左脑梭状回，无法得到更高级的视觉词形加工，所以出现逐个字母阅读的现象。这种阅读现象在左侧梭状回受损的纯阅读障碍（pure dyslexia）患者身上最为常见（Cohen et al.，2004），因而研究者认为左侧梭状回中部负责抽象的视觉词形表征和加工。

但是，来自各方面的实验证据对 VWFA 的功能提出了质疑和挑战。有研究发现，该区域对真词的激活要强于可发音假词（Vinckier et al.，2007），支持 VWFA 负责词形加工区的观点。另一些研究却得出相反的结论，认为假词的激活更强（Bruno et al.，2008）。还有研究发现两种条件在 VWFA 的激活上没有差异（Baker et al.，2007；Vigneau et al.，2005）。研究结论不一致导致研究者无法确认 VWFA 区域负责抽象的词形加工表征。除此以外，还有一些研究认为 VWFA 与视觉系统的分类知觉有关。例如，Hasson 等（2002）发现，VWFA 区域对数字/字母串和书写词汇的反应没有差别，但是这两类都比面孔、建筑物或工具的线条图的激活程度更高。因此，梭状回中后部是负责视觉系统的一种基本分类知觉，还是负责视觉词形特异的选择性，学术界对此仍有争议。

VWFA 作为梭状回的一部分，需要从 VWFA 与整个梭状回乃至视觉系统的关系角度来探讨其功能。视觉词形识别要经历从基本的视觉输入到抽象的词形表征的复杂认知过程。梭状回对词形范畴特异的加工敏感性，究竟达到了哪一个抽象加工的层次，成为研究者关注的问题。

研究发现，梭状回内部通过层级加工完成视觉词形认知。Dehaene 等（2004）采用启动的实验范式，发现梭状回后部与初级视觉加工有关，实验中同一字母在同一位置重复时才出现启动效应，该区域对空间位置较为敏感。梭状回中部对个别位置变化后的字母依然存在着启动效应，字母的空间位置信息对激活该部位影响不大，梭状回中部对视觉词形相似性的判断不受具体信息的影响，判断过程受到抽象水平的视觉刺激信息的影响。梭状回前部则对更加任意的空间变化不敏感，说明该区域不依赖空间信息。

最新的研究表明，大脑可能同时会在刺激属性和任务要求的驱动下表现出动态激活（Yang et al.，2012），视觉词汇识别脑区只是阅读网络中的一小部分。与基本的感知觉相比，语言是人类进化史上相对较晚的活动，不可能具有功能特异的脑区，负责语言激活的相应脑区是在自下而上的刺激属性和自上而下的加工任务调节下被动态激活（Price & Devlin，2011）。有研究表明，VWFA 并不具有词形加工的选择性，可能与注意的神经网络密切相关（Vogel et al.，2012）。

3.5.2 词汇通达的脑机制

双语者的词汇通达是选择性的还是非选择性的？这也是一个争论已久的问题。第 1 章介绍双语词汇通达理论模型时已经对两种观点进行了详细的论述。主张选择性通达的观点认为双语者在加工目标词时，非目标词不会被激活且不会干扰目标词通达；主张非选择性通达的观点认为双语者在加工时，目标词和非目标词同时被激活，非目标词干扰目标词通达。

de Groot 等（2000）选取英语—荷兰语双语者作为被试，实验任务为英语词汇判断任务，实验条件为两种，一种为词形相同或相近（同源词或同形异义词），另一种为词形不相同。结果发现，被试判断两类英语词汇的反应时没有明显差异，说明双语者在进行英语词汇判断时并没有受到其母语荷兰语词汇信息的影响，从而支持了选择性通达理论。

支持双语者词汇非选择性通达的神经影像学证据来自对语际同形词识别的研究。van Heuven 等（2008）采用功能磁共振成像技术调查了荷兰语—英语双语者的语际同形词冲突的来源，结果显示，双语者大脑中存在语言冲突，即使双语者的任务只需要目标语言知识，非目标语言冲突也无法避免，因为目标语言和非目标语言的单词在阅读过程中会被自动激活。以语音为目标的实验也发现了非目标语言的语音被激活的现象（Jared & Szus，2002）。

两种观点基于不同的角度解释了双语词汇通达，从整体上看，支持非选择性通达观点的研究较多。目前较为一致的观点是选择性通达和非选择性通达可能同时存在，第二语言熟练度调节双语选择性特点：不平衡双语者表现为非选择性通达，平衡高熟练度双语者往往表现为选择性通达（Costa & Santesteban，2004）。这是由于不平衡双语者第二语言的词汇通达需要经过第一语言的中介，而平衡高熟练度双语者第二语言词汇表征可以直接通达概念层。实证研究为解释双语者词汇通达机制提供了可靠的证据。

3.5.3 语言水平对语言处理的影响机制

许多功能磁共振成像研究表明，加工较弱的语言需要调用额外的大脑区域或激活更多的脑区（Hernandez et al.，2006；Meschyan et al.，2006）。Hernandez 和 Meschyan（2006）认为第二语言中的图片命名可能需要额外的注意控制。母语和第二语言水平的差异往往与母语和第二语言词汇使用频率的差异相联系，一种语言的熟练度越高，就意味着该语言中的单词使用频率越高，这就导致该语言中的单词相对于熟练度较低的语言的单词激活速度通常更快，因此，双语者在更熟练的语言中进行词汇表征所需的识别时间更短。

L1 和 L2 词汇表征之间的词频差异也导致 L2 的激活时间长于 L1 的激活时间。采用 ERP 技术探索双语激活的时间进程，可以通过 N400，P600 成分观察到 L2 激活的潜在延迟。例如，不熟练的第二语言引发了 N400 潜伏期的增加（Elston et al.，2005；Moreno et al.，2005）。Liu 和 Perfetti（2003）在对中英阅读过程中大脑活动的时间进程进行分析时也发现了第二语言加工的延迟。中英双语者对母语图形形式的处理要早于第二语言，同时母语加工也能更快地进入发音和意义分析阶段。不过，一项研究得出相反的结论：Kotz 等（2001）的研究没有发现 L2 阅读时的 N400 变化，由于这项研究是针对早期高水平双语者进行的，与 Liu 和 Perfetti（2003）的研究具有不同的被试群体，因而结果的可比性受到影响。ERP 成分中的 P600 对句法操作非常敏感，有研究也观察到了 L2 相对于 L1 的 P600 延迟效应（Hahne et al.，2001）。

在低水平双语者中，第二语言表征激活的时间延迟可能导致前额叶脑区激活，这些脑区与语义、词汇、语音的检索和控制有关。左前额叶皮质区域与语义和语音信息的控制检索有关（Gold et al.，2002）。重要的是，低水平双语者和高水平双语者同时激活两种语言的表征；然而，在低水平双语者中，第二语言表征比第一语言表征更慢。

3.6 中日双语者日文词汇加工的 ERP 研究

本节以“中日双语者日文词汇加工的 ERP 研究”为例，介绍双语词汇加工的研究过程，主要探讨对日文词汇加工过程中的语义通达过程。那么，日文词汇加工的语义通达过程中两种语言的词汇层和概念层是如何联结和相互作用的呢？对于这个问题，研究者提出了多种理论假设，并通过词汇联想、双语词汇串记忆、颜色词命名，以及各种类型的启动词深入地考察了两种语言的基本联结方式。

本节仍然选取与3.4节中相同的中日双语词汇类型，即中日同形同义词、同形异义词和非中文词为研究对象。中日同形词的语义表征具有一定的特殊性，已有研究区分了中日双语者同形词和非同形词语义表征的两种不同模型（王悦 等，2014）。曲维（1995）对中日同形词进行比较分析时提到“日语中的汉字词有时是方便的渡船，有时却是可怕的陷阱”。费晓东（2019）也认为汉语对日语汉字词汇的加工具有显著的促进或抑制效应。因此，区分不同类型同形词的语义表征路径，明确促进或干扰的机制对日语词汇教学具有重要意义。

由于中日同形词的词形和语义关系经历复杂的借用、演变、再造过程，因而中国学生在学习和使用日语时往往与母语的词形和语义混淆，难以正确理解和使用同形词汇。中日两国学者相继加强同形词的研究，主要围绕同形词对比分析和词汇习得偏误分析进行。

同形词对比分析是中日两国学者共同关注的内容，对比分析以叙述中日词汇差异的研究居多（许雪华，2020），大多数研究将个别词汇之间的使用差异进行对比，包括对词性、词功能、语感的强弱、词义的虚实、褒贬色彩、文体色彩、搭配关系等的使用差异进行对比（宋春菊，2003；吴春燕，2009）。也有研究以个别同形词为例进行结构、语义和语用对比分析（潘喆 等，2020；方香兰，2011）。施建军（2013）从方法学角度，利用大规模语料库归纳出中日同形词意义对比的分析方法，即从意义、词性、句法功能、搭配关系四个层面进行分析。以往的对比分析来源于教学实践，研究成果应用于教学实践，在一定程度上提高了学习和教学的效果。但这些研究大多基于语言学的话语体系，较少考虑语言加工的认知过程，仅靠表层的对比分析难以穷尽大量的中日同形词，同形词学习和教学中的瓶颈仍然较难突破。

同形词研究的另一个方面是偏误分析，由于中日同形词具有“同中有异”的特点，使得中国学生学习日语时，非常容易受到母语的影响，这种影响表现为促进和干扰并存：同形同义词易于理解和掌握，而同形异义词易致望文生义，导致误用和错用。中国学者多从教学实践角度研究偏误问题并提出教学和学习策略（王映哲 等，2009；王晓，2004；毛峰林，1999；赵骐，2020），提出的教学策略以经验积累和教学反思类居多。在词汇习得方面，日本的中日同形词研究多基于认知语言学观点和方法开展理论与实验类研究，丰富了认知语言学的研究（许雪华，2020），但如何将研究成果应用于教学实践还需要深入探讨。

近年来，认知神经科学的发展为揭示语言习得的大脑机制提供了更为科学的方法，其中，ERP 技术可以对高级心理活动的认知过程做出客观评价，为研究大脑认知活动过程提供了支持。ERP 技术的基本原理是将特定刺激事件与大脑电位活动联系起来，当重复呈现同一个刺激时，固定的时间段总会出现固定的大脑电位变化，将脑电信号进行叠加平均后，与刺激事件相关的脑电波就可以从噪音中分离出来。ERP 具有较高的毫秒级时间分辨率，通过分析大脑在第二语言学习中进行语音、词形和语义加工表现出的大脑电位变化，总结第二语言加工的大脑机制，找到第二语言表征、储存和运算加工方面的特点，以及在行为学上表现出的知识掌握水平方面的差异，可以为提出第二语言学习策略提供科学依据。中国学习者在学习日语时，可以在充分认识日语词汇加工机制的基础上，根据汉语和日语同形词的不同特点和加工过程的异同，制定符合科学规律的语言学习策略，促进日语语言能力的发展，逐步获得熟练掌握日语的能力。在日语教学中，需要寻找日语学习的心理机制和大脑规律，根据认知机制研究结果，优化教学设计和方案，教会学习者正确的语言加工策略和加工方式。

基于认知科学的角度攻克中日同形词学习的难点，就要弄明白汉语在同形词习得过程中影响学习者的心理表征机制问题，这就要了解双语者的两种语言系统是如何储存在大脑中的。关于双语者的两种语言信息的表征问题，学者们较为一致的看法是共同储存说（李杰 等，2012；王瑞明，2016）。共同储存说认为，双语者两种语言系统的语音和字形是独立的，语义是共享的（Kolers，1966）。那么，双语者的词汇表征层与概念表征层又是如何联系的？在深入研究的过程中，学者们明确了语言熟练度和语言相似性对双语表征模式的影响。

在共同储存说的理论基础上，Potter 等（1984）提出了双语表征的层级模型，它包括词汇联想模型（word association model）和概念中介模型（concept mediation model）。词汇联想模型提出第一语言（L1）的词汇层与概念层有直接联结，第二语言（L2）与概念层则不存在直接联结，需要经过 L1 的中介才能通达语义层。概念中介模型则认为 L1 和 L2 没有直接联结，两种语言的词汇层都分别与概念层联结，两种语言的转换需要以概念层为中介。对两种模型进行实证检验发现，L2 的语义通达与双语者的熟练度有关，低熟练度双语者 L2 词汇加工需要经过 L1 的词汇层中介（蔡林江，2013），熟练双语者 L2 词汇加工可以直接通达概念层（莫雷 等，2005）。为综合考虑熟悉度对语义表征的影响，Kroll 和 Stewart 于 1994 年提出修正层级模型（revised hierarchical model）。该模型认为两种语言分别与概念层有联结，但联结强度不同，同时词汇层的联结也不对称，众多研究为修正层级模型提供了实证研究的证据（郭桃梅 等，2003a，2003b；刘玉，2013；高淇，2016）。修正层级模型的提出，在很大程度上解释了不同水平双语者双语表征的路径模式。

两种语言的相似性对双语表征也有一定的影响，Markus（1998）采用双语 Stroop 色词干扰实验研究语言相似性和语言水平对双语信息表征的影响，结果显示无论两种语言是否相似，低熟练度学习者 L2 都要先通过 L1 词汇层的中介才能通达概念层，其心理词典表征结构是词汇联结模式；高熟练度学习者使用两种不相似语言时，两种语言的词汇层没有直接联结，需要通过语义才能形成联结，其心理词典结构为概念中介模式；高熟练度学习者使用两种相似语言时，词汇联结和语义中介都是存在的，其心理词典结构是多通路模式。多通道模式是修正层级模式的一种变式，在修正层级模型基础上考虑了语言相似性的因素。Markus 的观点得到了其他研究者的实验研究的支持，一项研究以日中双语者为被试，采用双语 Stroop 的研究范式，发现被试的汉语水平直接影响日文汉字和中文汉字之间的联系，汉语水平低者采用词汇联结模式，汉语水平高者采取多通道模式（高立群 等，2003）。也就是说，无论双语熟练度是高还是低，L2 的语言表征都可以通过 L1 的词汇层通达概念层，只是高水平双语者还可以选择 L2 与概念层的直通模式。由于中日两国语言文字中词形和语义关系较为复杂，因而中日双语语言表征通路可能呈现出更为复杂的模式。

一项考察不熟练中日双语者同形词和非同形词隐蔽翻译启动效应的研究提出了与以往模型不同的特殊混合模型（王悦 等，2014），该模型分别区分了中日同形词和非同形词两类词汇的表征模型。其中，中日同形词由于词形结构相同或相似，词汇层能够产生联结，并且中文词汇和日文词汇各自都可以直通共享的概念层。中日非同形词的语言表征会受到语义卷入程度的影响，表现出不同的信息激活路径，语义卷入度较低时，语言表征路径符合修正层级模型，即 L2 要通过 L1 的词汇层再通达概念层；语义卷入度较高时，语言表征路径符合属性模型，即词形对被试的作用减弱，被试需要根据提示激活类别属性后进行归类判断，呈现对称性的特点。该混合模型详细描述了中日同形词和非同形词的语言表征路径，为探明中日同形词的复杂关系提供了依据。但是，该模型中仍然存在未能解决的问题：一是同形词还可以分为同形同义词和同形异义词，两类词汇的语言表征路径可能不同。一项对中韩双语者同形词的词汇通达机制的研究指出，同形同义词的词汇表征是共享的，同形异义词的词汇表征是分离的（高淇 等，2016）。同形异义词由于词形相同、意义不同，其词汇层与概念层如何联结也是需要进一步探索的问题。二是混合模型中提到语义卷入度高时双语者跨语言的启动效应表现出对称的特点，推测两种语言的词汇层都可以直通概念层。笔者认为出现对称的启动效应可以说明两种语言激活语义的程度相当，但是并未直接证明 L2 可以直通概念层，需要继续采用更直接的实验范式进行检验。

基于以上研究综述，本实验选取较高水平中日双语者，以同形同义词、同形异义词、非中文词为实验材料，采用语义卷入度较高的词汇语义判断任务，基于行为实验和大脑事件相关电位（ERP）实验技术，考察中日双语者同形词词汇加工的认知机制。ERP 技术以精确的时间模式明确母语对日语词汇加工的促进或干扰作用机制，一般认为 ERP 成分中的 P200 和 N400 与视觉词汇加工有关，其中 P200 是一种早期内源成分，与视觉特征编码和匹配有关（谢敏 等，2016），N400 则对语义非常敏感（魏景汉 等，2010）。使用 ERP 技术研究中日同形词，可以为行为结果提供更为准确的语义表征时间进程的实证证据。

3.6.1 实验方法

（1）被试

被试为国内某大学日语专业本科学生 20 名（男生 3 人，女生 17 人），视力或矫正视力正常，右利手，平均年龄（22.6±1.6）岁。所有被试均以汉语为母语，平均日语学习时间为（3.5±1.5）年，全部通过国际日本语能力测试二级，属于较高水平学习者。实验完成后有一定的报酬。

（2）实验仪器及软件

使用 E-Prime 技术编制实验程序，实验材料用 15 英寸、刷新率为 50 Hz 的显示器呈现，记录反应时和正确率。脑电数据由 128 导联脑电仪（美国

EGI 公司生产 C-AMP-128-2000-001 型）收集。

（3）实验设计

实验采用语义判断任务，选取单因素设计。中日同形词的类型分为同形同义词、同形异义词、非中文词三种。

（4）实验材料

从《国际日语能力考试新大纲词汇手册》中选取三级、四级水平同形词和非中文词 600 个。由 7 名中日双语大学生对词汇材料熟悉度用李克特 5 点量表进行评定，1 代表非常不熟悉，5 代表非常熟悉。选择熟悉度大于 4 的同形词和非中文词分别为 380 个和 186 个，其中，186 个非中文词由 7 名未学习日语的大学生进行再次评定后确定为 176 个，380 个同形词由 7 名中日双语大学生使用李克特 5 点量表进行词义一致性评定，1 代表语义完全不同，5 代表语义完全相同，取平均数大于 4.5 的词汇作为同形同义词，平均数小于 2 的词汇作为同形异义词。匹配材料的部件、笔画和音节数量，最终保留的正式实验材料为 120 个词汇，每种类型各 40 个。

（5）实验程序

使用 E-Prime 程序呈现实验材料，采用语义判断任务展开实验研究。电极安装好后，被试面对计算机屏幕坐好，视距为 80 cm。首先，屏幕中央呈现注视点“+”300 ms，接着呈现空屏、刺激词和空屏各 300 ms，然后屏幕一上一下出现两个汉语释义，时间同样为 300 ms，汉字为 28 号宋体字。要求被试判断给出的汉语释义哪一个是正确的，并迅速做按键反应。如果上面的正确，则按左键；如果下面的正确，则按右键。若被试超过 3000 ms 不做反应，计算机则按照错误反应记录。正式实验之前让被试有足够的时间练习。

（6）对数据的收集、管理

电极与头皮接触的电阻均在 50 kΩ 以下，参考电极为中心点（vertex），在双眼外侧、上下各安置一个电极以记录水平眼电和垂直眼电。滤波带通为 0.1~100 Hz，采样频率为 250 Hz。将连续记录的原始脑电数据离线进行 30 Hz 的低通滤波，然后以刺激词呈现前 200 ms 和后 1000 ms 为标准进行分段，在去除包含眼动等伪迹的数据段后，把相同条件下的数据段进行平均，再经过基线校正和全脑平均，得到不同被试在不同实验条件下的平均波形图。

ERP 数据：分析时程为刺激词呈现后的 1000 ms，基线为刺激词呈现前 200 ms。根据相关文献和本实验的 ERP 总平均波形图，选取 P200 和 N400

的平均波幅和潜伏期进行分析。

行为数据：对语音判断的反应时和正确率进行统计分析。用 SPSS 10.0 对数据进行统计处理。

3.6.2 结果与分析

（1）行为结果

使用 SPSS 10.0 统计软件对数据进行统计分析。所有被试的行为数据均有效，在正式处理之前，删除平均数±2 个标准差的极端数据，判断错误的反应不计入统计（表 3-5）。

表 3-5 中日双语者日文语义判断的反应时和错误率

行为指标	同形同义词	同形异义词	非中文词
反应时/ms	473.57（17.32）	633.82（24.12）	618.53（21.61）
错误率/%	0.02（0.01）	0.18（0.02）	0.15（0.02）

注：括号内为标准差。

对反应时数据进行单因素重复测量方差分析结果表明，反应时表现为词形主效应差异显著，$F(2,38)=85.21$，$p<0.05$。事后检验发现，同形同义词和同形异义词差异显著，$t(19)=9.85$，$p<0.05$；同形同义词与非中文词差异显著，$t(19)=10.83$，$p<0.05$。

对错误率进行方差分析，结果表明，词形主效应差异显著，$F(2,38)=28.01$，$p<0.05$。事后检验发现，同形同义词与同形异义词差异显著，$t(19)=6.48$，$p<0.05$；同形同义词和非中文词差异显著，$t(19)=5.01$，$p<0.05$，同形异义词和非中文词差异显著，$t(19)=1.68$，$p<0.05$。

从行为数据可以看出，被试对同形同义词判断最快、最准确，其次是非中文词，对同形异义词的判断时间最长、错误率最高。

（2）脑电结果

表 3-6 是 Cz 点 P200（180～240 ms）和 N400（300～450 ms）成分的平均波幅。图 3-6 是三种类型的词汇在 Fz，Cz，Pz 点的 ERP 总平均波形图。图 3-7 是三种类型的词汇分别在 200，400 ms 的地形图。使用 SPSS 10.0 统计软件，分别对以上 2 种成分在 19 个电极上的平均波幅进行分析。17 名被试中 13 名被试的数据可用，每个条件下眨眼破坏的段不超过总数的 1/3。

表 3-6　Cz 点平均波幅　μV

ERP 成分	同形同义词	同形异义词	非中文词
P200	1. 645859	1. 615409	1. 403413
N400	−1. 23475	−1. 55811	−1. 98465

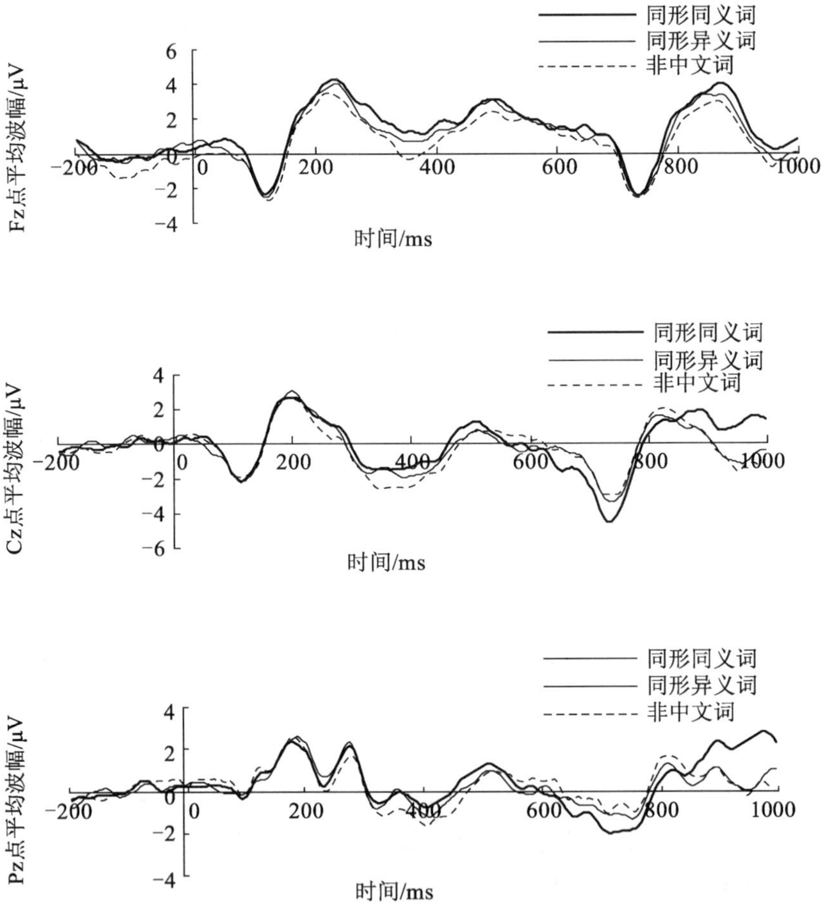

图 3-6　Fz，Cz，Pz 点的 ERP 总平均波形图

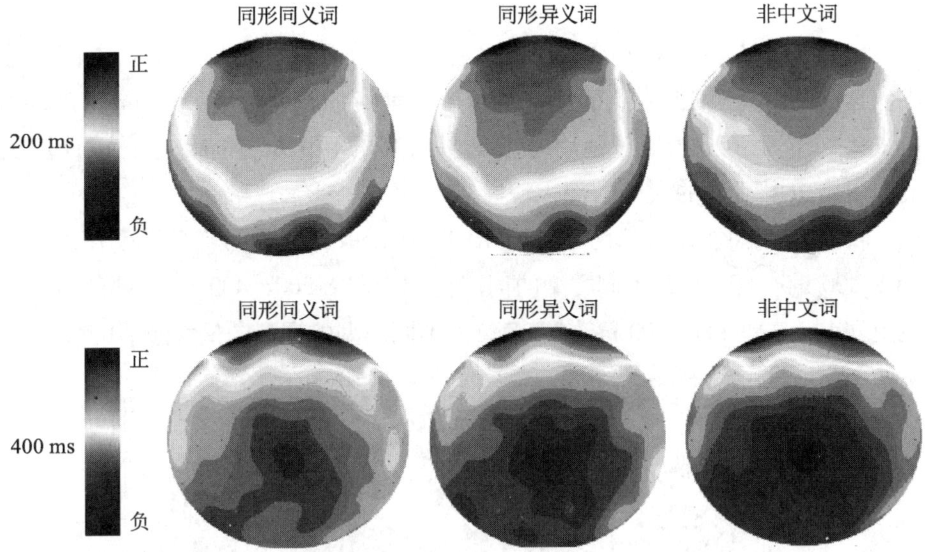

图 3-7　三种类型的词汇分别在 200，400 ms 的地形图

① P200 成分

分别对三种不同的词汇类型进行重复测量分析，即 3（同形同义词、同形异义词、非中文词）×19（10−20 国际系统电极点）的方差分析。语义判断任务下，潜伏期的词形主效应差异不显著，电极主效应差异极其显著，$F(18,216)=14.18$，$p=0.00$，词形和电极的交互作用极其显著，$F(36,432)=2.12$，$p=0.00$；波幅的词形主效应差异不显著，电极主效应差异显著，$F(18,216)=18.91$，$p=0.00$，词形和电极的交互作用不显著。

② N400 成分

分别对三种不同的词汇类型进行重复测量分析，即 3（同形同义词、同形异义词、非中文词）×19（10−20 国际系统电极点）的方差分析。语义判断任务下，潜伏期的词形主效应差异不显著，电极主效应差异不显著，词形和电极的交互作用极其显著，$F(36,432)=3.04$，$p=0.00$；波幅的词形主效应差异不显著，电极主效应差异显著，$F(18,216)=15.70$，$p=0.00$，词形和电极的交互作用显著，$F(36,432)=2.12$，$p=0.00$。

对平均波幅词形因素与电极交互作用进行简单效应检验，结果发现，N400 的词形效应主要发生在 C3，C4，P3，Fz，Cz 电极，波幅的差异表现为非中文词比同形词产生更大的波幅。

（3）源分析

用 LORETA 方法对 ERP 数据进行源定位分析。它将标准球状头模型分成包含 2394 个三维像素点的区域，每个像素点的长×宽×高为 7 mm×7 mm×7 mm，在这个范围内通过使用寻求最平滑解的算法求逆向算子，以计算出大脑皮层放电活动的大脑内部来源。

将 ERP 的总平均波形图输入 LORETA 中，取样时段为刺激呈现开始后的 200，400 ms。图 3-8 是不同类型的词汇在 LORETA 200，400 ms 间隔的激活区域图。表 3-7 是 200，400 ms 时间窗口内不同类型的词汇的最大激活区域。

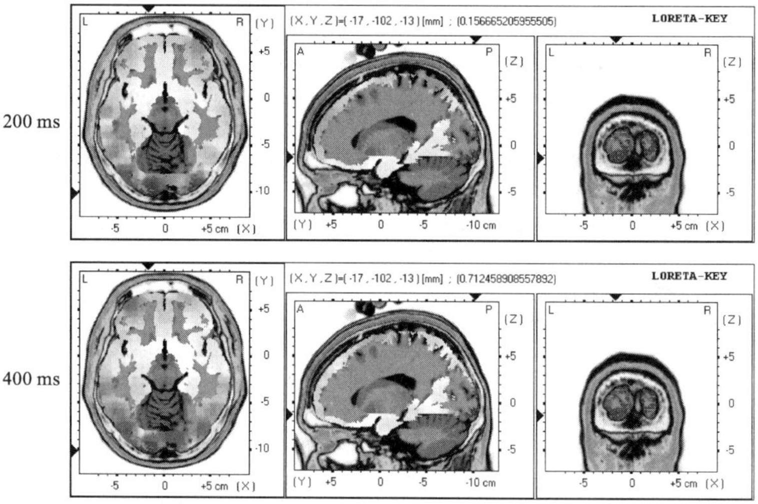

(a) 同形同义词

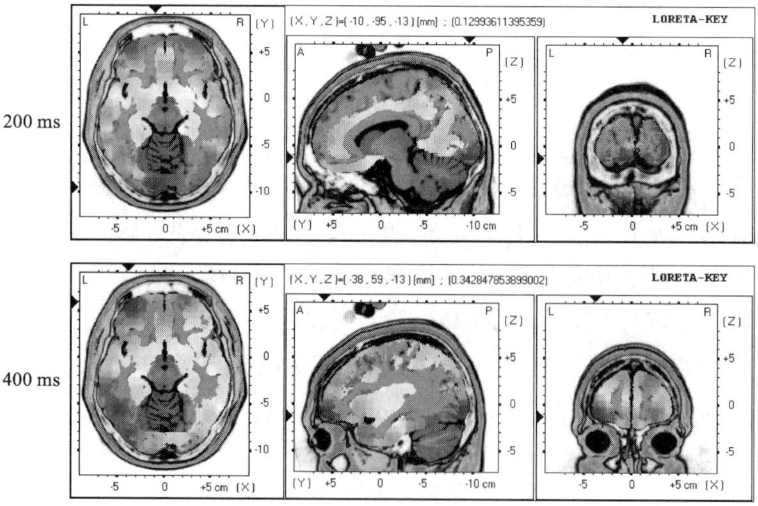

(b) 同形异义词

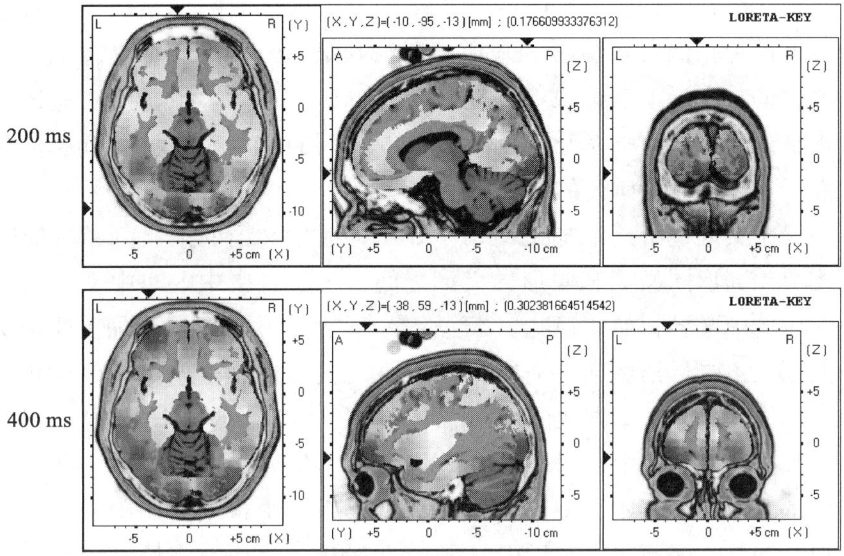

(c) 非中文词

图 3-8　三种类型的词汇在 LORETA 200，400 ms 时间窗口内的激活区域图

从表 3-7 可以看出，在 200，400 ms 的时间窗口内，同形同义词的主要激活区域为枕叶视觉区（BA17）；同形异义词和非中文词的主要激活区域均为枕叶视觉区（BA17）和内侧前额叶（BA11）。

表 3-7　200，400 ms 时间窗口内三种类型的词汇的最大激活区域

时间/ms	同形同义词	同形异义词	非中文词
200	BA17（−14，−96，−13）	BA17（−10，−96，−7）	BA17（−12，−97，−13）
400	BA17（−13，−97，−13）	BA11（−35，54，−13）	BA11（−33，56，−13）

注：括号内为 x，y，z 轴的坐标值。

3.6.3　讨论

根据以上行为和 ERP 实验的结果，结合在语言表征领域的多通路模型，本小节着重讨论分析不同类型的中日同形词的词汇通达路径，并形成中日同形词特殊的词汇通达模型。

ERP 的研究结果显示，在 200 ms 时三种类型的词汇的激活区域均为视觉区（BA17），不同类型的词汇的 P200 成分波形没有显著差异，P200 成分主要与视觉词形加工有关，这说明不同类型的词汇的中文和日文的词形表征信息可能共享，非中文词的日文词汇表征由于没有与之相对应的中文词汇表征而无法共享词汇。Markus（1998）提出的多通路模型认为，对于高熟练度的两种相似语言学习者来说，词汇联结和语义中介都是存在的，但非中文词的日文词汇表征没有与之相对应的中文词汇表征，无法通过中文词汇表征的中介通达概念层，因此，非中文词的词汇表征只有直通概念层这一路径，这与行为研究的结果一致。

对非中文词进行词汇加工的结果显示，非中文词的语义判断反应时和错误率界于同形同义词和同形异义词之间。由于日文中的非中文词没有与之相对应的中文词，如“荷物”“台所”等，所以中国学习者加工非中文词时，其语义不受母语影响，非中文词的语义表征是独立进行的。ERP 的研究结果也发现，非中文词比同形词产生更大的 N400 波幅，N400 成分最早发现于对歧义词的研究中，语义的违反引发较大的 N400 振幅，由于非中文词有独立的语义系统，中日双语者难以在母语系统中检索到非中文词，容易引发语义违反，因而非中文词引发更大的 N400。本研究在语义判断任务下进行的源定位分析也发现，中国学习者在加工非中文词的 400 ms 时间窗口内大脑额叶有较大激活，这与 Abutalebi 等（2000）的研究结果一致，该研究认为双语者词汇表征的提取受到了左基底核—左前额叶回路的控制。以上行为和脑电的证据均支持非中文词独立进行语义表征的观点。

如前所述，不同类型词汇的 P200 成分的波形没有显著差异，说明不同类型词汇的中文和日文的类型词汇表征信息可能共享；与非中文词不同的是，同形同义词和同形异义词的 L1 和 L2 之间均有对应的词汇表征。对 N400 成分的分析结果显示，同形同义词和同形异义词的振幅比非中文词的振幅更小。由于中文字词是表意文字，词形是影响语义表征的重要因素。双语者大脑中都存在两个心理词典，母语的语义表征已经达到自动化的程度，而第二语言的语义表征程度较弱。同形同义词、同形异义词两类词汇会受到母语中对应中文词形迁移作用的影响，可能直接调用中文心理词典，耗费的心理能量要小，而非中文词没有与之对应的中文词形，被试直接在第二语言的心理词典中搜索词条信息，缺少了母语词形的迁移，必然消耗更大的心理资源。

值得注意的是，虽然同形同义词、同形异义词与非中文词相比消耗了较少的认知资源，但学习者加工两种类型的词汇的行为结果出现了显著差异，即识别同形同义词又快又准，而加工同形异义词慢而易错。双语者利用同形词中对应的中文词来进行语义表征，相同的语义会加快被试的判断速度，而不同的语义会干扰被试的判断，并引发语义的竞争和冲突。一项关于多国日语学习者中日同形词使用情况的研究发现，中国学习者与其他国家学习者相比，在同形词的理解上存在优势，但是一些同形词的误用也是中日双语者学习的难点（程薇，2017）。事实上，这种中国学习者的加工优势更多表现在同形同义词中，如“牛肉”“全部”等同形同义词与中文词形完全相同。Fei（2015）指出同形同义词具有共享的字形表征和语义表征信息，本实验的研究结果也证实了这一观点。

本研究在语义判断任务下对脑电结果进行源定位分析发现，中国学习者加工同形异义词的 400 ms 时间窗口内大脑额叶呈现较大的激活，这与前人的研究结果一致。Rodriguez-Fornells 等（2002）使用事件相关电位和脑成像技术对加泰罗尼亚语—西班牙语早期熟练双语者进行研究。他们发现双语者使用西班牙语（第二语言）命名视觉呈现的西班牙语词汇时，其左前额叶皮层（BA45 区和 BA9 区）有更强的激活。研究者认为熟练双语者在第二语言加工过程中也需要抑制机制，而这一抑制机制的中枢是前额叶皮层。综合以上研究结果可以看出，中日双语者在加工同形异义词时，即使有额叶的抑制参与，由于受到母语较强的迁移作用的影响，很有可能将同形异义词误用为中文词汇而调用较少的认知资源，进而使语义判断的效果降低。这也从另外一个角度提示中国学习者，若想在加工同形异义词时有较好的表现，就需要提高认知资源的投入度，严格做好同形异义词的区分。

整合本研究中行为及 ERP 实验的结果，我们结合共同储存说和多通路模型，提出了不同类型中日同形词的词汇通达模型。同形同义词的词汇层和概念层具有共同的表征，这为中国学习者学习日文提供了得天独厚的优势。同形异义词 L1 和 L2 词汇层间在各自独立的情况下保持联系，与此同时，两种语言的概念层的语义表征存在一定的竞争关系，甚至是冲突关系，这需要大脑抑制过程的参与。由于非中文词没有与之对应的中文词汇，所以中文词汇可以从词汇层直通概念层（图 3-9）。

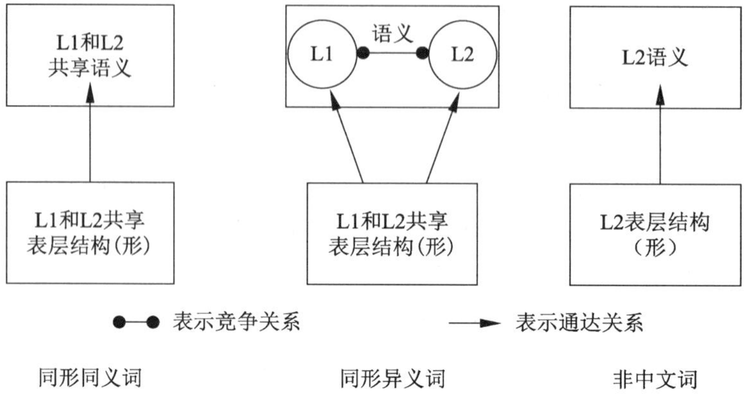

图 3-9　不同类型词汇的词汇通达模式

3.6.4　结论

本实验基于语义判断任务和大脑事件相关电位技术，探讨了中国学习者加工同形同义词、同形异义词和非中文词三种不同类型词汇的语义表征路径。研究发现，中国学习者加工同形同义词最具优势，其次是非中文词，加工同形异义词时最容易发生误用。同形同义词和同形同义词的 N400 振幅小于非中文词，源分析发现加工同形异义词时大脑额叶激活。本研究分析了中国学习者母语影响日语学习的机制，提出了非中文词和同形同义词的直通模型、同形异义词的语义竞争模型。

3.7　本章小结

学习和使用第二语言可以使大脑的结构和功能发生变化，目前较多的认知神经科学的技术与方法可以帮助我们探索第二语言词汇加工的大脑内部机制问题。双语者在进行第二语言词汇加工时会激活语音，第二语言的语音表征形式受到第二语言熟练度和习得年龄的影响。如果青春期以后学习第二语言，那么将难以获得接近母语的发音。另外，双语者第二语言的词汇识别并不具备特异性脑区，第二语言词汇通达具有非选择性机制，两种语言的处理过程均受到语言水平的影响。

参考文献

蔡林江,2013.非熟练粤—普双语者跨语言长时重复启动效应的 ERP 研究[D].广州:暨南大学.

程薇,2017.多国日语学习者中日同形词使用情况考察[D].长沙:湖南大学.

方香兰,2011.试析中日同形副词“多少”[J].牡丹江大学学报,20(12):73-75.

费晓东,2019.中日同形词听觉加工机制研究[J].现代外语(6):792-804.

高立群,黎静,2005.日本留学生汉日同形词词汇通达的实验研究[J].世界汉语教学(3):96-105,116.

高立群,孟凌,刘兆静,2003.日本留学生心理词典表征结构的实验研究[J].当代语言学,3(2):120-132.

高淇,刘希平,2016.熟练中韩双语者同形词的词汇通达机制[J].心理科学,39(4):820-826.

郭桃梅,彭聃龄,2003a.初中和高中生英语语义通达机制的比较[J].心理发展与教育(2):14-18.

郭桃梅,彭聃龄,2003b.非熟练中—英双语者的第二语言的语义通达机制[J].心理学报,35(1):23-28.

郭瑞芳,彭聃龄,2005.脑可塑性研究综述[J].心理科学(2):409-411.

李杰,王凤梅,侯友,等,2012.非熟练蒙—英双语者语义与词汇表征特点[J].内蒙古师范大学学报(自然科学汉文版),41(1):64-68,73.

李敏,2008.中国学生日文词汇通达的实验研究[D].大连:辽宁师范大学.

刘颖,李敏,孟爽,2008.中日双语者日文词汇语音通达的脑电研究[J].辽宁师范大学学报(自然科学版),31(3):357-360.

刘玉,阳泽,2013.中—英双语者的词汇-概念记忆表征研究[J].湖北科技学院学报(1):58-60.

毛峰林,1999.中日同形词教学研究[J].西安外国语学院学报,7(4):45-48.

莫雷,李利,王瑞明,2005.熟练中—英双语者跨语言长时重复启动效应

[J]．心理科学(6):1288-1293.
潘钧,1995.中日同形词词义差异原因浅析[J]．日语学习与研究(3):19-23,18.
潘喆,沈冰青,汪然,2020.基于语料库的中日同形词研究:以“合同”和「合同」为中心[J]．汉字文化(22):7-9.
任桂琴,韩玉昌,于泽,2009.词汇识别的ERP研究[J].现代生物医学进展,9(2):318-321,329.
彭聃龄,徐世勇,丁国盛,等.2003.汉语单字词音、义加工的脑激活模式[J]．中国神经科学杂志,19(5):287-291,296.
施建军,洪洁,2013.汉日同形词意义用法的对比方法研究[J]．外语教学与研究(4):531-542,640.
施建军,许雪华,2014.再论中日两国语言中的同形词问题[J]．解放军外国语学院学报,37(6):132-139.
司趁云,任惠芹,2013.基于汉日同形词的中日语言文化浅析[J]．河北学刊(4):194-196.
宋春菊,2003.从词性的角度论汉日同形词的异同[J]．求索(3):220-221.
孙逊,谢久书,王瑞明,2017.双语语言转换的神经机制[J].外语教学,38(2):27-32.
王瑞明,杨静,李利,2016.第二语言学习[M].上海:华东师范大学出版社.
王晓,2004.关于日语教学中的中日同形词[J]．日语学习与研究(S1):38-41.
王小娟,舒华,杨剑峰,2010.大脑视觉词形区及其在阅读神经网络中的作用[J].心理科学进展,18(8):1199-1207.
王映哲,笠原(竹田)ゆう子,2009.母语干扰对中日同形词理解与翻译的影响[J]．东北农业大学学报(社会科学版),7(3):86-88.
王悦,陈俊,张积家,2012.方言与普通话并用:双言心理研究述评[J]．心理科学进展(8):1243-1250.
王悦,张积家,2014.不熟练中—日双语者同形词和非同形词的隐蔽翻译启动效应[J]．心理学报(6):765-776.
魏景汉,罗跃嘉,2010.事件相关电位基础原理与技术[M].北京:科学出版社.

吴春燕,2009. 中日同形词的比较研究[J]. 安阳师范学院学报(3):112-115.

谢敏,杨青青,王权红,2016. 词汇加工研究中的P200成分[J]. 心理学进展, 6(2):114-120.

许雪华,2020. 近四十年中日同形词比较研究综述[J]. 高等日语教育(2):121-134,156.

赵骐,2020. 日本本土教材的汉日同形词考察[D]. 长春:吉林大学.

邹雪,2005. 同义词、近义词研究与对外汉语词汇教学[D]. 成都:四川大学.

大河内康憲,1992. 日本語と中国語の同形語[M]//大河内康憲. 日本語と中国語の対照研究論文集(下). 東京:くろしお出版:411-447.

Abutalebi J, Della Rosa P A, 2008. Imaging technologies [M]// Wei L, Moyer M. The blackwell guide to research methods in bilingualism and multilingualism. Malden, MA: Blackwell Publishing.

Aoyama K, Flege J E, Guion S G, et al, 2004. Perceived phonetic dissimilarity and L2 speech learning: The case of Japanese /r/ and English /l/ and /r/ [J]. Journal of Phonetics, 32: 233-250.

Aoyama K, Guion S G, Flege J E, et al, 2008. The first years in an L2-speaking environment: a comparison of Japanese children and adults learning American English[J]. International Review of Applied Linguistics in Language Teaching, 46(1): 61-90.

Archila-Suerte P, Zevin J, Bunta F, et al, 2012. Age of acquisition and proficiency in a second language independently influence the perception of non-native speech[J]. Bilingualism: Language and Cognition, 15(1): 190-201.

Baker C L, Liu J, Wald L L, et al, 2007. Visual word processing andexperiential origins of functional selectivity in human extrastriate cortex[J]. Proceedings of the National Academy of Sciences, 104 (21): 9087-9092

Baker W, Trofimovich P, 2006. Perceptual paths to accurate production of L2 vowels: the role of individual differences[J]. IRAL, 44(3): 231-250.

Baum S R, 1998. The role of fundamental frequency and duration in the perception of linguistic stress by individuals with brain damage [J]. Journal of Speech, Language, and Hearing Research, 41(1): 31-40.

Bentin S, McCarthy G, Wood C C,1985. Event-related potentials,lexical decision and semantic priming[J]. Electroencephalography and Clinical Neurophysiology, 60(4): 343-355.

Brown C, Hagoort P, 1993. The processing nature of the N400: evidence from masked priming[J]. Joumal of Cognitive Neuroscience, 5 (1): 34-44.

Bruno J L, Zumberge A, Manis F R, et al, 2008. Sensitivity to orthographic familiarity in the occipito-temporal region[J]. NeuroImage, 39 (4):1988-2001.

Callan D E, Jones J A, Callan A M,et al,2004. Phonetic perceptual identification by native-and second-language speakers differentially activates brain regions involved with acoustic phonetic processing and those involved with articulatory-auditory/orosensory internal models[J]. NeuroImage, 22 (3):1182-1194.

Cancelliere A E, Kertesz A, 1990. Lesion localization in acquired deficits of emotional expression and comprehension[J]. Brain and Cognition, 13(2): 133-147.

Cappa S F, Perani D, Schnur T, et al, 1998. The effects of semantic category and knowledge type on lexical-semantic access: a PET study[J]. NeuroImage, 8 (4): 350-359.

Chauncey K, Holcomb P J, Grainger J, 2008. Effects of stimulus font and size on masked repetition priming:an event-related potentials(ERP) investigation [J]. Language, Cognitive and Neuroscience,23(1):183-200.

Cholin J, Schiller N O, Levelt W J, 2004. The preparation of syllables in speech production[J]. Journal of Memory and Language, 50 (1): 47-61.

Chwilla D J, Brown C M, Hagoort P, 1995. The N400 as a function of the level of processing[J]. Psychophysiology, 32 (3): 274-285.

Cohen L, Dehaene S, Naccache L, et al, 2000. The visualword form area: spatial and temporal characterization of an initial stage of reading in normal subjects and posterior split-brainpatients[J]. Brain:A Journal of Neurology,123 (2): 291-307.

Cohen L, Henry C, Dehaene S,et al,2004. The pathophysiology of letter-by-letter reading[J]. Neuropsychologia, 42 (13):1768-1780.

Cohen L, Lehericy S, Chochon F,et al,2002. Language-specific tuning of visual cortex? Functional properties of the visual word form area[J]. Brain: A Journal of Neurology,125(Pt 5): 1054-1069.

Costa A, Santesteban M, 2004. Lexical access in bilingual speech production: evidence from language switching in highly proficient bilinguals and L2 learners[J]. Journal of Memory and Language, 50(4):491-511.

Cummine J, Boliek C A, 2013. Understanding white matter integrity stability for bilinguals on language status andreading performance[J]. Brain Structure and Function, 218(2): 595-601.

Deacon D, Hewitt S, Yang C-M, et al, 2000. Event-related potential indices of semantic priming using masked and unmasked words: evidence that the N400 does not reflect apost-lexical process[J]. Cognitive Brain Research, 9 (2): 137-146.

de Beeck H P O, Baker C L, DiCarlo J J, et al, 2006. Discrimination training alters object repre-sentations in human extrastriate cortex[J]. The Journal of Neuroscience,26(50): 13025-13036.

de Groot A M,Delmaar P, Lupker S J, 2000. The processing of interlexical homographs in translation recognition and lexical decision: support for non-selective access to bilingual memory[J]. The Quarterly Journal of Experimental Psychology, 53A(2): 397-428.

Dehaene S, Dupoux E, Mehler J,et al, 1997. Anatomical variability in the cortical representation of first and second language[J]. Neuroreport, 8 (17): 3809-3815.

Dehaene S, Jobert A, Naccache L, et al, 2004. Letter binding and invariant recognition of masked words: behavioral and neuroimaging evidence[J]. Psychological Science,15(5):307-313.

Dell G S, 1986. A spreading-activation theory of retrieval in sentence production[J]. Psychological Review, 93(3): 283-321.

Della Rosa P A, Videsott G, Borsa V M,et al, 2013. A neural interactive location for multilingual talent[J]. Cortex, 49 (2): 605-608.

Dehaene-lambertz G, Gliga T, 2004. Common neural basis for phoneme processing in infants and adults[J]. Journal of Cognitive Neuroscience, 16(8): 1375-1387.

Downing P E, Chan A W-Y, Peelen M V, et al, 2006. Domain specificity in visual cortex[J]. Cerebral Corter, 16 (10) : 1453-1461.

Draganski B, Gaser C, Busch V,et al, 2004. Neuroplasticity: Changes ingrey matter induced by training[J]. Nature, 427(6972):311-312.

Dufau S, Grainger J, Holcomb P J, 2008. An ERP investigation of location invariance in masked Repetition Priming[J]. Cognitive, Affective and Behavioral Neuroscience, 8(2): 222-228.

Eddy M, Schmid A, Holcomb P J, 2006. Masked repetition priming and event-related brain potentials: a new approach to tracking the time-course of object perception[J]. Psychophysiology, 43(6): 564-568.

Fei X D, 2015. The process of learning Japanese kanji (Chinese character) words by Chinese-native learners of Japanese language: effects of orthographical and phonological similarities between the Chinese and the Japanese languages[J]. Theory and Research for Developing Learning Systems, 1: 57-69.

Fernandez-Miranda J C, Pathak S, Engh J, et al, 2012. High-definition fiber tractography of the human brain: neuroanatomical validation and neurosurgical applications[J]. Neurosurgery, 71(2): 430-453.

Fiez J A, Petersen S E, 1998. Neuroimaging studies of word reading[J]. Proceedings of the National Academy of Science of the United States of America, 95(3): 914-921.

Fiez J A, BalotaD A, RaichleM E, et al, 1999. Effects of lexicality, frequency, and spelling-to-sound consistency on the functional anatomy of reading[J]. Neuron, 24(1): 205-218.

Flege J E, 1991. Age of learning affects the authenticity of voice-onset time (VOT) in stop consonants produced in a second language[J]. The Journal of the Acoustical Society of America, 89(1): 395-411.

Flege J E, 1995. Second-language speech learning: theory, findings, and problems[M]// Strange W. Speech perception and linguistic experience: issues in cross-language research. Baltimore, MD: York Press: 233-272.

Flege J E, Birdsong D, Bialystok E, et al, 2006. Degree of foreign accent in English sentences produced by Korean children and adults[J]. Journal of Phonetics, 34(2): 153-175.

Flege J E, Munro M J, MacKay I R, 1995. Effects of age of second-language learning on the production of English consonants[J]. Speech Communication, 16(1): 1-26.

Flege J E, Schirru C, MacKay I R A, 2003. Interaction between the native and second language phonetic subsystems[J]. Speech Communication, 40(4): 467-491.

Flege J E, Yeni-Komshian G H, Liu S, 1999. Age constraints on second-language acquisition[J]. Journal of Memory and Language, 41(1): 78-104.

Gandour J, Wong D, Lowe M, et al, 2002. A cross-linguistic fMRI study of spectral and temporal cues underlying phonological processing[J]. Journal of Cognitive Neuroscience, 14(7): 1076-1087.

Gandour J, Dzemidzic M, Wong D, et al, 2003. Temporal integration of speech prosody is shaped by language experience: an fMRI study[J]. Brain and Language, 2003, 84(3): 318-336.

Gazzaniga N S, 2020. The New Cognitive Neurosciences[M]. Cambridge, MA: MIT Press.

Gold B T, Buckner R L, 2002. Common prefrontal regions coactivate with dissociable posterior regions during controlled semantic and phonological tasks[J]. Neuron, 35(4): 803-812.

Golestani N, Zatorre R J, 2004. Learning new sounds of speech: reallocation of neural substrates[J]. NeuroImage, 21 (2): 494-506.

Grainger J, 2008. Cracking the orthographic code: an introduction[J]. Language, Cognitive and Neuroscience, 23(1): 1-35.

Grainger J, Kiyonaga K, Holcomb P J, 2006. The time-course of orthographic and phonological code activation[J]. Psychological Science, 17(12): 1021-1026.

Grant A M, Fang S-Y, Li P, 2015. Second language lexical development and cognitive control: a longitudinal fMRI study[J]. Brain and Language, 144: 35-47.

Grogan A, Parker Jones Õ, Ali N, et al, 2012. Structural correlates for lexical efficiency and number of languages in non-native speakers of English[J]. Neuropsychologia, 50(7): 1347-1352.

Grossi G, 2006. Relatedness proportion effects on masked associative priming: an ERP study[J]. Psychophysiology, 43(1): 21-30.

Guenther J F, Chanmanivone N, Galetovic M P, et al, 2003. Phosphorylation of soybean nodulin 26 on serine 262 enhances water permeability and is regulated developmentally and by osmotic signals[J]. The Plant Cell, 15(4): 981-991.

Hahn A, Jescheniak J D, 2001. What's left if the jabberwock gets the semantics? An erp investigation into semantic and syntactic processes during auditory comprehension[J]. Cognitive Brain Research, 11(2): 199-212.

Hasson U, Levy I, Behrmann M, et al, 2002. Eccentricity bias as an organizing principlefor human high-order object areas[J]. Neuron, 34 (3): 479-490.

Hernandez A E, Dapretto M, Mazziotta J, et al, 2001. Language switching and language representation in Spanish-English bilinguals: an fMRI study[J]. NeuroImage, 14(2): 510-520.

Hernandez A E, Meschyan G, 2006. Executive function is necessary to enhance lexical processing in a less proficient L2: evidence from fMRI during picture naming[J]. Bilingualim Language and Cognition, 9(2): 177-188.

Holcomb P J, 1988. Automatic and attentional processing: an event-related brain potential analysis of semantic priming[J]. Brain and Language, 35: 66-85.

Holcomb P J, Grainger J, 2007. Exploring the temporal dynamics of visual word recognition in the masked repetition priming paradigm using event-related potentials[J]. Brain Research, 1180: 39-58.

Holcomb P J, Reder L, Misra M, et al, 2005. The effects of prime visibility on ERP measures of masked priming[J]. Cognitive Brain Research, 24(1): 155-172.

Holcomb P J, Grainger J, 2009. ERP effects of short interval masked associative and repetition priming[J]. Journal of Neurolinguistics, 22(3): 301-312.

Holcomb P J, Grainger J, O'Rourke T, 2002. An electrophysiological study of the effects of orthographic neighborhood size on printed word perception[J]. Journal of Cognitive Neuroscience, 14(6): 938-950.

Holcomb P J, Grainger J, 2006. On the time course of visual word recognition: an event-related potential investigation using masked repetition priming[J]. Journal of Cognitive Neurosicence, 18(10): 1631-1643.

Homae F, Watanabe H, Nakano T, et al, 2006. The right hemisphere of sleeping infant perceives sentential prosody[J]. Neuroscience Research, 54(4): 276-280.

Homae F, Watanabe H, Nakano T, et al, 2007. Prosodic processing in the developing brain[J]. Neuroscience Research, 59(1): 29-39.

Hosoda C, Tanaka K, Nariai T, et al, 2013. Dynamic neural network reorganization associated with second language vocabulary acquisition: a multimodal imaging study[J]. The Journal of Neuroscience: The Official Journal of the Society for Neuroscience, 33 (34): 13663-13672.

Huettel S A, Song A W, McCarthy G, 2009. Functional magnetic resonance imaging[M]. Sunderland, MA: Sinauer Associates.

Jia G, Strange W, Collado J, et al, 2006. Perception and production of English vowels by Mandarin speakers: age-related differences vary with amount of L2 exposure[J]. The Journal of the Acoustical Society of America, 119(2): 1118-1130.

Jared D, Szucs C, 2002. Phonological activation in bilinguals: evidence from interlingual homograph naming[J]. Bilingualism: Language and Cognition, 5(3): 225-239.

Kassubek J, Schmidtke K, Kimmig H, et al, 2001. Changes in cortical activation during mirror reading before and after training: an fMRI study of procedural learning[J]. Cognitive Brain Research, 10 (3): 207-217.

Elston-Güttler K E, Friederici A D, 2005. Native and L2 processing of homonyms in sentential context[J]. Journal of Memory and Language, 52(2): 256-283.

Kiefer M, Spitzer M, 2000. Time course of conscious and unconscious semantic brain activation[J]. Neuroreport, 11 (11): 2401-2407.

Kim K H S, Relkin N R, Lee K M, et al, 1997. Distinct cortical areas associated with native and second languages[J]. Nature, 388: 171-174.

Kiyonaga K, Midgley K J, Holcomb P J, et al, 2007. Masked cross-modal repetition priming: an ERP investigation[J]. Language, Cognitive and Neuroscience, 22(3): 337-376.

Klein D, Mok K, Chen J-K, et al, 2014. Age of language learning shapes brain structure: a cortical thickness study of bilingual and monolingual individuals [J]. Brain and Language, 131: 20-24.

Klouda G V, Robin D A, Graff-Radford N R, et al, 1988. The role of callosal connections in speech prosody[J]. Brain and Language, 35(1): 154-171.

Kolers P A, 1966. Interlingual facilitation of short-term memory[J]. Journal of Verbal Learning and Verbal Behavior, 5(3): 314-319.

Kotz S A, Frisch S, Friederici A D, 2001. Processing of verb-argument structure and subcategorization information in brain-damaged patients: event-related potential evidence[J]. Brain and Language(79): 24-25.

Krashen S D, Long M A, Scarcella R C, 1979. Age, rate and eventual attain-ment in second language acquisition[J]. TESOL Quarterly, 13(4): 573-582.

Kroll J F, Stewart E, 1994. Category interference in translation and picture naming: Evidence for asymmetric connections between bilingual memory representations[J]. Journal of memory and language, 33(2): 149-174.

Kutas M, Federmeier K D, Coulson S, et al, 2000. Language[M]// Cacioppo J T, Tassinary C G, Berntson G G. Handbook of psychophysiology. Cambridge, UK: Cambridge University Press.

Kwok V, Niu Z D, Kay P, et al, 2011. Learning new color names produces rapid increase in gray matter in the intact adult human cortex[J]. Proceedings of the National Academy of Sciences of the United States of America, 108(16): 6686-6688.

Lee B, Guion S G, Harada T, 2006. Acoustic analysis of the production of unstressed English vowels by early and late Korean and Japanese bilinguals[J]. Studies in Second Language Acquisition, 28(3): 487-513.

Levelt W J, Roelofs A, Meyer A S, 1999. A theory of lexical access in speech production[J]. The Behavioral and Brain Sciences, 22 (1): 1-38.

Levelt W J, Wheeldon L, 1994. Do speakers have access to a mental syllabary? [J]. Cognition, 50 (1-3): 239-269.

Liberman A M, Whalen D H, 2000. On the relation of speech to language [J]. Trends in Cognitive Sciences, 4(5): 187-196.

Liégeois F, Connelly A, Cross J H, et al, 2004. Language reorganization in children with early-onset lesions of the left hemisphere: an fMRI study[J]. Brain, 127 (Pt 6): 1229-1236.

Liu Y, Perfetti C A, Hart L, 2003. ERP evidence for the time course of graphic, phonological, and semantic information in chinese meaning and pronunciation decisions[J]. Journal of Experimental Psychology: Learning Memory and Cognition, 29(6): 1231-1247.

Long M H, 1990. Maturational constraints on language development[J]. Studies in Second Language Acquisition, 12(3): 251-285.

Luo H, Ni J T, Li Z H, et al. 2006. Opposite patterns of hemisphere dominance for early auditory processing of lexical tones and consonants[J]. Proceedings of the National Academy of Sciences, 103(51): 19558-19563.

Luck S J, 2005. An introduction to the event-related potential technique [M]. Cambridge, MA: MIT Press.

MacKay I R A, Meador D, Flege J E, 2001. The identification of English consonants by native speakers of Italian[J]. Phonetica, 58(1-2): 103-125.

Maguire E A, Woollett K, Spiers H J, 2006. London taxi drivers and bus drivers: a structural MRI andneuropsychological analysis[J]. Hippocampus, 16 (12):1091-1101.

Markus B, 1998. Stroop interference in bilinguals: the role of similarity between the two languages[M]// Healy A F, Bourne L E. Foreign Language Learning. NJ: Lawrence Erlbaum Associations.

Mårtensson J, Eriksson J, Bodammer N C, et al, 2012. Growth of language-related brain areas after foreign language learning[J]. Neurolmage, 63 (1): 240-244.

Massol S, Grainger J, Dufau S, et al, 2010. Masked priming from orthographic neighbors: an ERP investigation[J]. Journal Experimental Psychology: Human Perception and Performance, 36(1): 162-174.

Maye J, Werker J F, Gerken L, 2002. Infant sensitivity to distributional information can affect phonetic discrimination[J]. Cognition, 82 (3): B101-B111.

McCandliss B D, Posner M I, Givón T, 1997. Brain plasticity in learning visual words[J]. Cognitive Psychology,33(1): 88-110.

McClelland J L, Fiez J A, McCandliss B D, 2002. Teaching the /r/-/l/ discrimination to Japanese adults: behavioral and neural aspects[J]. Physiology Behavior, 77(4-5): 657-662.

McLaughlin J, Osterhout L, Kim A, 2004. Neural correlates of second-language word learning: minimalinstruction produces rapid change[J]. Nature

Neuroscience, 7(7): 703-704.

Mechelli A, Crinion J T, Noppeney U, et al,2004. Neurolinguistics: structural plasticity in the bilingual brain[J]. Nature,431(7010):757.

Mei L L, Chen C S, Xue G, et al, 2008. Neural predictors of auditoryword learning[J]. Neuroreport, 19(2): 215-219.

Meschyan G, Hernandez A E, 2006. Impact of language proficiency and orthographic transparency on bilingual word reading: an fMRI investigation[J]. NeuroImage,29(4): 1135-1140.

Meyer A S,1990. The time course of phonological encoding in language production: the encoding of successive syllables of a word[J]. Journal of Memory and Language, 29(5): 524-545.

Mohades S G, Struys E, Van Schuerbeek P, et al, 2012. DTI reveals structural differences in white matter tracts between bilingual and monolingual children [J]. Brain Research,1435: 72-80.

Moreno E M, Kutas M, 2005. Processing semantic anomalies in two languages: an electrophysiological exploration in both languages of Spanish-English bilinguals[J]. Cognitive Brain Research, 22(2): 205-220.

Müller R, Behen M E, Rothermel R D, et al, 1999. Brain Organization for language in children, adolescents, and adults with left hemisphere lesion: a PET study[J]. Progress in Neuro-Psychopharmacology and Biological Psychiatry, 23 (4): 657-668.

Mummery C J, Patterson K, Hodges J R, et al,1998. Functional neuroanatomy of the semantic system: Divisible by what? [J]. Journal of Cognitive Neuroscience,10(6):766-777

Munro M J, Derwing T M, Flege J E,1999. Canadians in Alabama: a perceptual study of dialect acquisition inadults[J]. Journal of Phonetics, 27(4): 385-403.

Norris D, McQueen J M, Cutler A,2003. Perceptual leaming in speech[J]. Cognitie Psychology, 47(2): 204-238.

Oh G E, Guion-Anderson S, Aoyama K, et al,2011. A one-year longitudinal study of English and Japanese vowel production by Japanese adults and children in an English-speaking setting[J]. Journal of Phonetics, 39(2):156-167.

Olichney J M, Petten C v, Paller K A,et al,2000. Word repetition in amnesia: electrophysiological measures of impaired and spared memory[J]. Brain: A Journal of Neurology, 123(9):1948-1963.

Petit J-P, Midgley K J, Holcomb P J, 2006. On the time-course of processing in letter perception: a masked priming ERP investigation[J]. Psychonomic Bulletin and Review, 13(4):674-681.

Piske T, Flege J E, MacKay I R A, et al, 2002. The production of English vowels by fluent early and late Italian-English bilinguals[J]. Phonetica, 59(1): 49-71.

Poeppel D,2003. The analysis of speech in different temporal integration windows:cerebral lateralization as "asymmetric sampling in time"[J]. Speech Communication, 41(1): 245-255.

Potter M C, So K-F, von Eckardt B, et al, 1984. Lexical and conceptual representation in beginning and proficient bilinguals[J]. Journal of Verbal Learning and Verbal Behavior,23(1): 23-38.

Price C J, Moore C J, Humphreys G W, et al, 1997. Segregating semantic from phonological processes during reading[J]. Journal of Cognitive Neuroscience, 9(6): 727-733.

Pulvermüller F, Schumann J H, 1994. Neurobiological mechanisms of language acquisition[J]. Language Learning, 44(4): 681-734.

Ratcliff R, McKoon G,1988. A retrieval theory of priming in memory[J]. Psychological Review,95(3):385-408.

Reiterer S, Hemmelmann C, Rappelsberger P, et al, 2005. Characteristic functional networks in high-versus low-proficiency second language speakers detected also during native language processing: an explorative EEG coherence study in 6 frequency bands[J]. Cognitive Brain Research, 25(2): 566-578.

Ren G-Q, Yang Y, Li X, 2009. Early cortical processing of linguistic pitch patterns as revealed by the mismatch negativity[J]. Neuroscience, 162(1): 87-95.

Rodriguez-Fornells A, Rotte M, Heinze H-J, et al, 2002. Brain potential and functional MRI evidence for how to handle two languages with one brain[J]. Nature, 415(6875):1026-1029.

Roelofs A, 1997. The WEAVER model of word-form encoding in speech production[J]. Cognition, 64 (3):249-284.

Roelofs A, Meyer A S,1998. Metrical structure in planning the production of spoken words[J]. Journal of Exrperimental Psychology: Learning, Memory, and Cognition,24(4):922-939.

Rogers C L, Lopez A S,2008. Perception of silent-center syllables by native and non-native English speakers[J]. The Journal of the Acoustical Society of America, 124(2):1278-1293.

Rogers C L, DeMasi T M, Krause J C, 2010. Conversational and clear speech intelligibility of /bVd/ syllables produced by native and non-native English speakers[J]. The Journal of the Acoustical Society of America, 128(1):410-423.

Ruz M, Madrid E, Lupiáñez J, et al,2003. High density ERP indices of conscions and unconscious semantic priming[J]. Cognitive Brain Research, 17 (3):719-731.

Schiltz C, Bodart J M, Dubois S, et al,1999. Neuronal mechanisms of perceptual learning: changes in human brain activity with training in orientation discrimination[J]. NeuroImage, 9(1):46-62.

Schlegel A A, Rudelson J J, Tse P U,2012. White matter structure changes as adults learn a second language[J]. Journal of Cognitive Neuroscience, 24 (8): 1664-1670.

Scovel T,1969. Foreign accents, language acquisition, and cerebral dominance[J]. Language Learning, 19(3-4):245-253.

Sebastian-Gallés N, Rodríguez-Fornells A, de Diego-Balaguer R, et al, 2006. First- and second-language phonological representations in the mental lexicon[J]. Journal of Cognitive Neuroscience, 18(8):1277-1291.

Shah A P, Baum S R, Dwivedi V D,2006. Neural substrates of linguistic prosody: evidence from syntactic disambiguation in the productions of brain-damaged patients[J]. Brain and Language, 96(1): 78-89.

Sheppard J P, Wang J P M, Wong P C M,2012. Large-scale cortical network properties predict future sound-to-word learning success[J]. Journal of Cognitive Neuroscience, 24(5):1087-1103.

Shtyrov Y, Pihko E, Pulvermüller F,2005. Determinants of dominance: Is language laterality explained by physical or linguistic features of speech? [J].

NeuroImage,27(1):37-47.

Slotnick S D,2005. Source localization of ERP generators[M]//Handy T C. Event-related potentials:a methods handbook. Cambridge, MA: MIT Press.

Song Y, Sun L,Wang Y, et al,2010. The effect of short-termtraining on cardinal and oblique orientation discrimination: An ERP study[J]. International Journal of Psychophysiology, 75(3):241-248.

Stein M, Federspiel A, Koenig T,et al,2012. Structural plasticity in the language system related to increased second language proficiency[J]. Cortex, 48(4): 458-465.

Stern R M, Ray W J, Quigley K S,2001. Psychophysiological recording[M]. 2nd ed. New York, NY: Oxford University Press.

Stowe L A, Sabourin L,2005. Imaging the processing of a second language: effects of maturation and proficiency on the neural processes involved[J]. International Review of Applied Linguistics in Language Teaching, 43(4):329-353.

Tan L H, Spinks J A, Feng C-M, et al, 2003. Neural systems of second language reading are shaped by native language[J]. Human Brain Mapping,18(3): 158-166.

Tanner D, McLaughlin J, Herschensohn J,et al,2013. Individual differences reveal stages of L2 grammatical acquisition: ERP evidence[J]. Bilingualism:Language and Cognition, 16(2):367-382.

Tokowicz N, MacWhinney B,2005. Implicit and explicit measures of sensitivity to violations in second language grammar:an event-related potential investigation[J]. Studies in Second Language Acquisition, 27(2):173-204.

van Heuven W J B, Schriefers H, Dijkstra T,et al,2008. Language confict in the bilingual brain[J]. Cerebral Cortex, 18(11):2706-2716.

van Heuven W J B, Dijkstra T, Grainger J,1998. Orthographic neighborhood effects in bilingual word recognition[J]. Journal of Memory and Language, 39(3): 458-483.

Veroude K, Norris D G, Shumskaya E, et al, 2010. Functional connectivity between brain regions involved in learning words of a new language[J]. Brain and Language,113(1):21-27.

Vigneau M, Beaucousin V, Hervé P Y,et al,2006. Meta-analyzing left hemisphere language areas: phonology, semantics, and sentence processing[J]. NeuroImage, 30(4):1414-1432.

Vigneau M, Jobard G, Mazoyer B, et al, 2005. Word and non-word reading: What role for thevisual word form area? [J]. NeuroImage, 27(3):694-705.

Vinckier F, Dehaene S, Jobert A, et al, 2007. Hierarchical coding of letter-strings in the ventral stream: dissecting the inner organization of the visual word-form system[J]. Neuron, 55(1):143-156.

Vogel A C, Petersen S E, Schlaggar B L, 2012. The left occipitotemporal cortex does not show preferential activity for words[J]. Cerebral Cortex, 22(12): 2715-2732.

Wang Y, Sereno J A, Jongman A, et al, 2003. fMRI evidence for cortical modification during learning ofMandarin lexical tone[J]. Journal of Cognitive Neuroscience, 15(7):1019-1027.

Warrier C M, Zatorre R J, 2004. Right temporal cortex is critical for utilization of melodic contextual cues in a pitch constancy task[J]. Brain: A Journal of Neurology, 127(Pt 7):1616-1625.

Wheeldon L R, Levelt W J M, 1995. Monitoring the time course of phonological encoding[J]. Journal of Memory and Language, 34(3): 311-334.

Winkler I, Kujala T, Tiitinen H, et al, 1999. Brain responses reveal the learning of foreign language phonemes[J]. Psychophysiology, 36(5): 638-642.

Wong P C M, Parsons L M, Martinez M, et al, 2004. The role of the insular cortex in pitch pattern perception: the effect of linguistic contexts[J]. The Journal of Neuroscience, 24(41): 9153-9160.

Wong P C M, 2002. Hemispheric specialization of linguistic pitch patterns [J]. Brain Research Bulletin, 59(2):83-95.

Wong P C M, Perrachione T K, Parrish T B, 2007. Neural characteristics of successful and less successful speech and word learning in adults[J]. Human Brain Mapping, 28(10):995-1006.

Yamagata S, Yamaguchi S, Kobayashi S, 2000. Event-related evoked potential study of repetition priming to attended and unattended word[J]. Gognitive Brain Research, 10(1-2):167-171.

Yang J, Li P, 2012. Brain networks of explicit and implicit learning[J]. Plos

One,7(8):e42993.

Yang J, Gates K M, Molenaar P,et al,2015. Neural changes underlying successful second language word learning: an fMRI study[J]. Journal of Neurolinguistics, 33:29-49.

Zatorre R J,Belin P, Penhune V B,2002. Structure and function of auditory cortex: music and speech[J]. Trends in Cognitive Sciences, 6(1): 37-46.

4 双语者的认知控制

双语者在语言产出时要对两种语言系统进行管理，这就需要双语者实施对语言的控制。对语言的控制与双语者获得这两种语言的方式、语言的熟练度、语言的使用环境、语言的习得年龄等因素有关。适应控制模型对第二语言加工的心理或神经机制做出了假设。这些假设对于研究双语者的认知控制问题至关重要。另外，本章还会就以下问题展开讨论：双语者长期进行的语言控制训练，能否提升认知控制能力？在非语言任务中双语者是否也表现出双语认知优势？双语认知优势未来的研究方向是什么？

4.1 认知控制

4.1.1 认知控制的内涵

认知控制（cognitive control），也称“执行功能”（executive function），当人们需要克服自动化反应行为，或者面对不熟悉的、危险的、需要规划和决策的任务时，认知控制能力就显得尤为必要。“执行功能”这一概念是在“认知控制”概念之前提出的，“执行功能”通常在研究工作记忆等认知过程中使用。随着认知心理学研究的深入，大多研究者认为“认知控制”这一概念的概括性、抽象性更高，使用范围更广，因此被广泛使用。

认知控制的概念有广义和狭义之分（Diamond et al.，2007；Miyake et al.，2000）。广义的认知控制是指大脑在完成某一特定目标时，个体需要调用多种认知加工过程的协同操作（李美华 等，2005），或者是指根据某一特定认知活动要求对刺激信息进行灵活加工，并对无关信息干扰进行抑制的机制或系统（Diamond，2012）。狭义的认知控制是指抑制控制，即个体在提取认知表征目标时，抑制无关干扰刺激的能力（丁芳，2003）。整体来看，认知控制是个体根据认知目标来协同调控当前情境关系的内部机制（龚少英 等，2002）。

从具体的认知活动角度来看，认知控制包含一系列由简单到复杂的认知过程，主要有多种感觉通道输入信息整合、抑制无关信息、选择性注意、推理、问题解决、自我评价等认知过程。大脑前额叶皮层在认知控制中发挥重要作用，额叶损伤会影响正常认知控制功能，甚至引起外显行为活动的改变。大脑额叶结构中，包括背外侧前额叶皮层、眶额叶、前扣带回和基底神经节等在内的额叶—纹状体环路、小脑等脑结构都与认知控制有关。总体而言，前额叶皮层与其他皮层及皮层下区域之间的动态协同交互作用保证了认知控制功能的发挥（Funahashi，2001；Smith et al.，1999）。

4.1.2 认知控制的结构

研究者自 20 世纪 70 年代以来，致力于探索认知控制组成成分，但由于认知控制的内涵复杂，并涉及多种高级认知能力，所以目前还没有得出一致的分类标准和答案。Pennington 和 Ozonoff（1996）将认知控制划分为三种成分，即抑制控制（inhibitory control）、工作记忆（working memory）与认知灵活性（cognitive flexibility）。Miyake 等（2000）的研究结果支持这一划分方式。Zelazo 等（2005）从动机和情绪的角度将认知控制分为冷执行功能和热执行功能。冷执行功能对应的皮层代表区是大脑皮质的背外侧前额叶皮层（dorsolateral prefrontal cortex，DLPFC），与冷执行功能计划、控制等相对抽象、去情景化的问题相关联；而热执行功能对应的皮层代表区为眼窝前额皮质（orbito frontal cortex，OFC），涉及情感决策等。Bialystok 和 Viswanathan（2009）将认知控制分为反应抑制（response suppression）、抑制控制（inhibitory control）和转换控制（switching control）。总的来看，虽然学者们对认知控制的成分划分仍有争议，但众多研究者较为认可 Miyake 等（2000）的研究和划分依据。以下将对认知控制基本成分进行详细介绍。

（1）工作记忆

工作记忆是一种用于形成和保持外在刺激的内在表征，并将表征信息用于行动准备的能力。工作记忆系统包含两个亚功能，即反省（retrospective）和预期（prospective），这两个亚功能之间相互作用，整合分离信息。

工作记忆的反省成分记录过去经验，以便将来使用；预期成分则涉及对未来行动的预期和计划（丁芳，2003）。Miyake 等（2000）提出，工作记忆既包含对新输入的信息进行编码、监控和储存，还包含及时删除旧的、与当前任务无关的信息，故将其称为更新（updating）。根据 Miyake 等的观点，工作记忆成分不仅需要形成和保持外在刺激的内在表征，还要根据任务要求及时删除无关信息。

（2）认知灵活性

认知灵活性，也可以称为注意灵活性、认知转换或转换控制，是指在刺激情境变化后，个体可以克服反应定势的影响表现出动作的灵活性（丁芳，2003）。认知灵活性通常是同时加工多种信息，对信息进行分析、判断和选择的过程。认知灵活性参与很多认知过程，如语言转换行为。认知灵活性较低的个体往往难以及时根据环境变化灵活调整自己的反应。认知灵活性包括反应灵活性（response flexibility）和自发灵活性（spontaneous flexibility）两种形式。反应灵活性是指个体转变反应定势以适应环境的要求；自发灵活性则是指在外部线索信息不全的情况下，个体产生的克服反应定势的能力。这两种认知灵活性保证个体能够做出适当的反应（Nigg，2001）。

（3）抑制控制

抑制控制是认知控制的核心成分，狭义的认知控制专门研究个体的抑制控制，抑制控制是研究者高度关注的重要成分。它可以解释个体之间智力、注意、理解等方面的差异，还影响个体的情绪调节和社会能力发展。Clark（1996）提出，抑制的内在机制是减少或制止神经、心理或行为活动。基于不同的标准，抑制控制可以划分为不同的成分。Colzato 等（2008）将抑制分为主动抑制（active inhibition）和被动抑制（reactive inhibition）。主动抑制通过直接抑制干扰刺激以解决冲突；被动抑制通过对目标刺激进行加工，间接地抑制干扰刺激。也有研究者根据不同的抑制内容，把抑制控制划分为行为抑制（behavior inhibition）和认知抑制（cognition inhibition）两种成分（Nigg，2001）。行为抑制是指对外显行为的有意控制，如运动抑制、延迟满足等；认知抑制是指对认知活动的内容或加工过程的控制，如思维控制等。Bunge 等（2002）区分了干扰抑制（interference suppression）和反应抑制（response suppression）。干扰抑制是指个体将注意力集中在目标刺激上，忽视干扰刺激；反应抑制则是抑制不正确却又容易产生的动作反应。不过也有研究者认为抑制控制就是干扰抑制（Bialystok et al.，2009）。

将认知控制划分为三种成分的分类方法在认知控制研究领域的影响较广，有国内研究者认为这一分类方法在认知控制的发展神经科学研究中显得有些宽泛，不同成分的复杂性导致一些概念无法清晰界定，难以指导科学研究。一方面，当前研究认知控制发展变化的实验范式和测量指标十分丰富，并不能完全涵盖所有的认知控制子成分；另一方面，认知控制的功能不仅包含对干扰刺激的抑制，还包含对目标刺激的选择（齐玥 等，2021）。因此，认知控制应该包含工作记忆、认知灵活性、抑制控制、冲突解决和选择性注意五个成分。下面将详细介绍不同认知成分的经典实验范式。

4.1.3 认知控制研究的实验方法

（1）工作记忆

① *n*-back

n-back 范式要求被试将当前刺激与前面第 *n* 个刺激相比较，通过控制当前刺激与目标刺激间隔的刺激个数来操纵负荷。任务类型包括字母匹配任务、位置匹配任务和图形匹配任务三类。位置匹配任务要求被试判断两个刺激呈现的位置是否相同，而不管两者是否为同一个字母或图形；字母或图形匹配任务则要求被试判断两个刺激是否为同一字母或图形，而不管它们的呈现位置如何。该范式的优点在于将任务设计成在工作记忆上施加一连续的、参数可变的负荷，而其他任务需要保持恒定。

② 旋转跨度任务

由 Foster 等（2015）改编的旋转跨度任务，也可以作为工作记忆的任务，被试要判断旋转的字母是否正确地反映了目标字母。在此之后，研究者向被试展示了一个指向八个方向之一的短箭头或长箭头，并要求他们记住箭头的长度和方向，被试要回忆旋转的字母和箭头的数量（即集合大小），这个集合在每个实验中从 2 个到 5 个不等，并且是随机呈现的。工作记忆表现是通过判断分数（PCU）来评估的，该分数是通过将正确回忆的箭头数除以当前要记住的箭头总数而计算出来的（Conway et al.，2005）。

③ 操作跨度任务

首先要求被试解决一个简单的数学问题，然后被试会看到一组字母。每个实验要记住的字母总数（即集合大小）从 2 个到 5 个不等，并在整个研究过程中随机呈现。工作记忆表现是通过相同的 PCU 方法计算的，即正确回忆的字母数除以要记忆的字母总数。

④ 对称广度任务

对称广度任务（Foster et al.，2015）也被用来评估工作记忆成绩。首先让被试判断一个显示的形状是否沿其垂直轴对称，然后要求被试记住出现在 44 个网格中的一个红色正方形的位置。一系列红色方块中需要记住的位置总数从 2 个到 5 个不等。工作记忆表现是使用上述 PCU 方法计算的，即将正确回忆的红色方块数除以呈现记忆的红色方块总数。

（2）认知灵活性

① 卡片分类任务

卡片分类任务是研究规则转换能力的典型范式，常用范式包括灵活项目选择任务（flexible item selection task，FIST）、威斯康星卡片分类任务（Wisconsin card sorting task，WCST）与维度变化卡片分类任务（dimensional change card sorting，DCCS）。以上三个任务都是具有代表性的规则使用任务，其不同之处在于灵活项目选择任务和威斯康星卡片分类任务要求被试自己归纳规则，研究者指导其做出行为反应；而维度变化卡片分类任务则是由研究者直接告诉被试分类规则。

a. 灵活项目选择任务（FIST）是由 Jacques 和 Zelazo（2001）在视觉—言语测验基础上发展起来的。在 FIST 的每一试次中，研究者都要给儿童呈现三张卡片（如一艘蓝色的船、一艘黄色的船、一朵黄色的花），要求儿童选出匹配的两种卡片（若根据颜色匹配图片，则为黄色的船和黄色的花；若根据形状匹配图片，则为蓝色的船和黄色的船），然后再让儿童依据其他维度选出匹配的一对图片。该任务的第一个选择阶段主要检验儿童的言语抽象能力，第二个选择阶段则侧重分析灵活转换过程中涉及的认知控制能力。所以在第二阶段正确匹配的次数才是认知控制研究关注的主要因变量。

b. 威斯康星卡片分类任务（WCST）也是向儿童呈现多维度的图片，并要求儿童完成分类任务。但是研究者在 WCST 中会不断地给予儿童反馈，要求儿童有更好的工作记忆能力和利用反馈信息的能力。由于 WCST 与 FIST 的操作流程较为相似，因而本节不再详述 WCST 的操作过程。

c. 维度变化卡片分类任务的实验流程如下：研究者首先呈现给儿童不同形状和颜色的目标卡片（如一朵黄色的花和一艘蓝色的船），然后向儿童呈现一系列的测试卡片（如几艘黄色的船和几朵蓝色的花）。实验要求儿童根据某一规则（如形状）进行分类，即黄色的船和蓝色的船放在一起，蓝色的花和黄色的花放在一起；经过几次实验后，再让儿童依据另一规则

（如颜色）进行相等次数的卡片分类。DCCS 的关键变量是规则变化后儿童的分类情况，即儿童能否在两种不相容的规则之间进行灵活转换。

维度变化卡片分类任务（DCCS）主要适用于 3~5 岁的儿童，而 WCST 则适用于 6 岁及以上年龄的儿童（李红 等，2004）。

② 颜色—形状转换任务

该任务改编自成熟的任务转换范式（Hartanto et al.，2016；Rubin et al.，2005）。被试被要求根据指定的颜色或形状线索对二价目标颜色（红色或绿色）或形状（圆形或三角形）做出尽可能快速和准确的反应。颜色提示由颜色渐变表示，形状提示由“＊＊＊＊＊”表示。被试用食指按“d”表示目标的红色或圆形属性，按“k”表示绿色或三角形属性。被试完成四个单一任务块，包括颜色或形状任务，以及四个既包括颜色任务又包括形状任务的混合任务块。这些块以 ABA 的设计排列，前两个单一任务块、四个混合任务块和最后两个单一任务块按顺序排列，前两个单一任务块中任务（颜色与形状）的顺序在最后两个单一任务块中颠倒。单一任务块执行单一任务；在混合任务组中，一半的实验是切换实验，在颜色和形状任务之间切换并要求被试做出选择，另一半是重复实验，要求被试重复前一试次中的相同任务。混合任务块中的任务线索是随机呈现的，最多连续四次使用相同的任务线索。每个混合任务块的第一次实验都被排除在外，因为它既不适合切换实验，也不适合重复实验。

③ 奇偶转换任务

奇偶转换任务改编自 Von Bastian 等（2016）的量值转换任务，该任务意在评估任务转换和目标维持。该任务要求被试根据给定的线索，依据奇偶性或大小（大于或小于 5）对一个二价目标数字进行分类。奇偶提示是一张图像，上面是一排数量为奇数的蓝色方块，下面是一排数量为偶数的黄色方块。大小提示是一幅描绘一排大蓝圆和小黄圆的图像，切换任务中的二价目标数字是“2”（小于 5 的偶数）和“7”（大于 5 的奇数），被试根据所给出的提示指出二价目标的奇偶性（奇数或偶数）或大小（小于或大于 5）。被试用左手食指按下 f 键，表示数字是奇数或幅度小于 5；用右手食指按下 j 键，表示数字是偶数或幅度大于 5。

④ 无生命—有生命转换任务

该任务引导被试根据生命状态（有生命或无生命）或运动状态（会飞行或不会飞行）对二价目标刺激进行分类。生命状态提示是由狗爪和骨头的图像来暗示的，而运动状态提示是由道路和蓝天的图像来暗示的。二价目标刺激是飞机（会飞行，无生命）和兔子（不会飞行，有生命）。被试根据所给提示指出二价目标的属性。被试用左手食指按下标有“鸟”的键（“f”）来表示有生命的或飞行的实体，用右手食指按下标有“汽车”的键（“j”）来表示无生命的或不会飞行的实体。与其他任务转换任务类似，单一任务块和混合任务块被安排成夹心式设计，并包括相同类型和数量的实验。

（3）抑制控制

Go/Nogo 任务是研究反应停止能力的一种常用范式。此任务通常是随机交替呈现两个不同的字母或图案，要求被试对其中的某个刺激做出反应（Go 反应），而对另一个刺激不反应（Nogo 反应）。对 Nogo 刺激的错误反应通常被认为是反应停止困难的一项指标。

（4）冲突解决

① Simon 任务

Simon 任务侧重考察刺激出现的空间位置与反应速度之间的关系，也是研究“刺激—反应”相容性的经典范式。其基本操作流程如下：在屏幕的不同空间位置（左侧和右侧）呈现不同颜色的色块（如红色和绿色），然后要求被试尽快对色块颜色做出判断，即要求被试关注颜色这一相关属性，忽略空间位置这一无关属性。根据刺激呈现的空间位置与反应位置之间是否一致，实验条件可以分为一致条件和不一致条件。Simon 效应是指不一致条件与一致条件之间的差异量，反映了当个体对刺激的相关属性进行判断时，刺激的无关属性所造成的干扰。

基于经典 Simon 任务，研究者还发展出了很多 Simon 任务的变式，最为常用的是 Simon 箭头任务。在 Simon 箭头任务中，屏幕会呈现目标箭头，让被试按左右反应键尽快判断箭头朝向。这一任务通常包括三种实验条件：第一种条件是控制条件，即目标箭头出现在屏幕中央，被试根据箭头朝向做出按键反应；第二种条件是反应抑制条件，即目标箭头出现在屏幕中央，但是要求被试按下与箭头朝向相反的反应键；第三种条件是干扰抑制条件，即目标箭头出现在屏幕的左侧或右侧，从而形成一致条件和冲突条件，要求被试判断箭头朝向，忽略刺激呈现的空间位置。在一致条件中，箭头朝向与其呈现的空间位置相一致（如方向朝左的箭头呈现在屏幕的左边）；在冲突条件中，箭头朝向与其呈现的空间位置不一致（如方向朝左的箭头呈现在屏幕的右边）。

② Stroop 任务

Stroop 任务范式已经扩展到众多的研究领域中，而最为经典的依旧是色词 Stroop 任务。在实验过程中，研究者首先给出一个表示颜色的字（如“红”），该字的颜色可能与字义相同（红色），也可能是其他颜色（如绿色）。根据字义与字色是否一致，可将实验条件分为一致条件和不一致条件。实验任务是要求被试忽略字义，尽快判断墨水的颜色。Stroop 效应就是被试在两种实验条件下的差异量。一般而言，字义与字色不一致条件下的反应时往往长于一致条件下的，而且错误率更高，这可能是因为个体不能有效抑制字义加工这一优势反应而做出错误判断。Stroop 任务已经发展出了很多变式，其中，常用于测量儿童认知能力的变式就是昼夜任务。在该任务中，研究者告知儿童，如果看到有太阳的图画就回答“黑夜”，如果看到有星星和月亮的图片就回答“白天”。这一任务的因变量是儿童正确回答的次数。昼夜 Stroop 变式不仅需要抑制“视觉—语义”冲突，也需要儿童记住简单的任务规则。

③ Flanker 任务

Flanker 任务又称为侧抑制任务。在实验任务中，中心位置的靶刺激（target）和两侧的干扰刺激（flankers）会同时呈现在屏幕上，被试会在屏幕中央看到一排五个的箭头，要求被试对中间箭头的方向进行判断并做出按键反应。经典 Flanker 任务中，由干扰刺激所带来的干扰效应称为 Flanker 效应，即当靶刺激与干扰刺激相一致时（如< < < < <），相比于不一致时（如< < > < <）的反应时更短、正确率更高。在基本 Flanker 任务的基础上，研究者还发展出较多的变式，如修正的箭头侧翼任务、修正的埃里克森侧翼任务及修正的颜色侧翼任务。

a. 在修正的箭头侧翼任务中，被试同样需要准确地识别中心目标箭头的方向。在每一次实验中，注视点首先出现在屏幕中心 350 ms，然后呈现目标刺激，这需要被试在 2000 ms 的响应窗口内做出反应。在此之后，在下一次实验开始之前，有一个 250 ms 的空白屏幕。在一半的试次（一致条件）中，中心目标箭头和周围的箭头指向相同的方向（即一致的情况），而在另一半的试次（不一致条件）中，中心目标箭头及其周围的箭头指向相反的方向。为了增加任务需求，在 15%的试次中，中心目标箭头被移向屏幕的左侧或右侧（即警戒状态）。当中心目标箭头移动时，被试被指示按空格键，而不考虑中心目标箭头的方向。

b. 修正的埃里克森侧翼任务类似于修改后的箭头侧翼任务，不同之处在于屏幕中央显示了一行字母（G 或 H），而不是箭头。在一半的试次（一致条件）中，中心目标字母与两侧四个字母相同；而在另一半的试次（不一致条件）中，中心目标字母出现在四个不同字母的中间。被试被指示通过按下键盘上的“g”或“h”来尽可能快速和准确地识别中心目标字母。在警觉状态下（占总试次 15%），目标字母似乎向屏幕的左侧或右侧移动，被试被指示按空格键，而不考虑目标字母（G 或 H）。

c. 修正的颜色侧翼任务也是一种冲突监测的任务。实验中屏幕的中央出现一排红色或绿色的方框，被试被要求通过按键盘上的“g”或“r”分别代表绿色和红色，尽可能快速、准确地识别中心目标框的颜色。在一半的试次（一致条件）中，中心目标框的颜色与周围框的颜色相同；而在另一半的试次（不一致条件）中，中心目标框的颜色与周围框的颜色不同。在警戒状态下（占总试次的 15%），中央目标框向左或向右移动，被试被指示按下空格键，而不考虑中央目标框的颜色。

（5）选择性注意

视觉搜索范式是考察选择性注意的常用范式，视觉搜索范式的主要形式为，屏幕中央呈现一个刺激矩阵，要求被试按照任务要求从矩阵中找出目标刺激。视觉搜索范式的变式较多，刺激类型可以是字母、形状、图片等，刺激呈现的矩阵可以有多种形式，如以 3×3 或 5×4 的矩阵或圆形排列，还可以是不规则排列。视觉搜索范式的变式较多，研究者需要根据研究目的设计实验，这里不一一列举。

4.2 双语认知控制的理论模型

双语认知控制是认知心理学家和语言学家长期关注的重点。在语言的产生过程中，双语者需要选择目标语言，抑制非目标语言，以灵活、优化的方式确保语言产生和恰当使用，语言控制系统在这一认知活动中发挥着重要作用（王瑞明 等，2016）。早期的双语语言控制研究侧重解释个体内部选择目标语言和抑制非目标语言的过程（详见第 2 章）。近十年来，双语语言控制的理论研究不断深入并出现了新的取向，开始从具身体验的角度来揭示人的心智及脑的认知控制机制。在这一背景基础上，适应控制理论逐渐形成。该理论主要阐述语言控制系统是主动适应交互语言环境的过程，从内部控制和外部适应两个角度探究双语者在实际使用语言过程中的心理运作机制（Green et al.，2013）。本节以双语者语言产生中的控制问题为主线，介绍适应控制理论的结构和机制，并对该理论的未来研究提出自己的思考和见解。

4.2.1 双语者适应控制理论模型

（1）适应控制理论模型的结构

适应理论的基本体系包括交互语境、控制过程、言语通路、元控制过程四个部分。其中，交互语境和控制过程是理论的核心部分，交互语境对控制过程提出不同程度的需求，控制过程根据需求进行脑神经网络参数的调整和适应；言语通路负责语言的理解和产出；元控制过程负责监控参数改变和与其他认知过程的协调（图 4-1）（Green et al.，2013）。下面分别从其各自涵盖的内容逐一陈述。

交互语境是指说话者群体中反复出现的会话交流模式。适应控制理论提出，要在交互语境下进行语言控制研究，该理论提出了三种不同真实世界中的交互语境，即单语语境、双语语境和语码转换语境。单语语境是指两种语言各自在独立的环境中使用，没有频繁的转换。双语语境是指两种语言同时使用，根据会话对象的不同，语言间的转换发生在会话中，而不是在句子中。语码转换语境是指一种密集的语码转换语境，说话者通常在使用一种语言表达语句的过程中，频繁穿插来自另外一种语言对应的词语，即两种语言的词汇在句子中混合进行表达（Green et al.，2013）。从类型区分看，可将语境交互的特点作为双语者概念的外延扩展。更重要的是，语言使用语境的多样性预示更强的主动控制能力（Gullifer et al.，2018）。

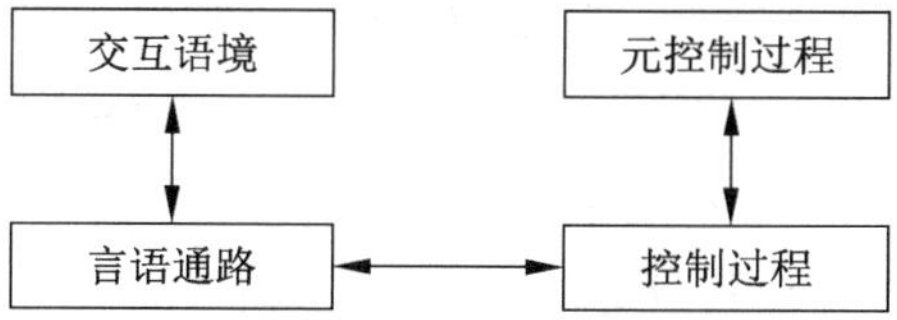

图 4-1 适应控制理论结构关系

控制过程是保证双语环境下会话维持的连续过程。Green 和 Abutalebi（2013）将控制过程划分为八个阶段，即目标维持（goal maintenance）、冲突监控（conflict monitoring）、干扰抑制（interference suppression）、凸显线索检测（salient cue detection）、选择性反应抑制（selective response inhibition）、任务分离（task disengagement）、任务参与（task engagement）及机会主义计划（opportunistic planning）。双重控制机制（DMC）理论描述了目标调节的时间动态变化过程，区分了两种不同的认知控制操作，即主动控制和反应控制（Braver, 2012）。参照 DMC 的分类，可以将目标维持、冲突监控、干扰抑制归类于语言使用者主动控制，选择性反应抑制、任务分离、任务参与归类为刺激信息导向的反应控制。

除了上述控制过程的内容，言语通路是指包含概念、情感、语言、感觉运动的语言理解和产生过程，适应控制理论重点关注语言的产生过程。双语者利用语言发音器官表达思想的过程中，语言间的选择与抑制表现更为重要（Green et al.，2013）。在适应控制模型中，研究者并未对言语产生的通路进行详细的描述，可能是因为研究者更关注交互语境与控制过程之间的适应问题，同时语言产生的通路在学术界已达成一致观点。来自心理语言学领域的研究表明，言语产生包括三种类型的心理过程：① 概念化过程是讲话者明确要用言语表达什么概念；② 言语组织阶段是为所表达的概念选择适当的词汇，建立词汇的语法结构和发音结构；③ 发音阶段指的是选择的词汇通过一定的肌肉运动程序用外显的声音表达出来（王瑞明 等，2016）。

元控制过程是对控制过程的控制。该理论认为语言控制过程本身适应交互语境对其提出的反复要求，适应一个控制过程意味着改变一个或多个有关其工作方式的参数，或者它与其他控制过程协同的工作方式。元控制过程负责参数的设置和调节，这些参数受到适应过程的影响。在神经元水平上，适应以不同的方式实现：一是通过结构资源或能力的改变（如灰质密度）；二是通过区域效率的改变（如通过调节神经元群体或改变神经元群体的反应性）；三是通过改变网络的连通性（如白质连通性）。除了神经元层面的适应外，适应能力的变化主要体现在这些参数捕获控制的持久性或灵活性、网络上传输的效率及不同控制过程的协调（Green et al.，2013）。元控制过程在早期语言控制理论模型中并未提及，只有 IC 模型提出词汇语义系统的层级控制需要更高级别的注意监控系统来进行调节，这种调节与元控制具有共同的作用。

（2）控制过程的八阶段内容

适应控制理论重点强调交互语境与控制过程之间的相互关系。控制过程是重要的组成部分，在语言的产生过程中发挥重要作用。控制过程具体分为八个阶段（Green et al.，2013）。

目标维持是语言使用者建立和维护一个目标语言的过程。面对面的对话本质上是多模态的，因此，会话中的语音、面部和手势等各种线索可能会支持目标维持。当环境中出现其他说话者用另一种语言说话的声音时，可能会提高另一种语言的激活水平，那么，要维持先前的目标语言就需要有控制干扰的过程。这种控制干扰的过程是一种自上而下的加工过程，包括冲突监控和干扰抑制的过程，其中抑制过程是控制干扰的中心，目的是确保维持当前目标，或者为了有效地选择新的目标（Abutalebi et al.，2007）。

凸显线索检测是成功对话的充分条件之一。在双语语境中，当提示增加了使用其他语言的对话者时，说话人可能需要切换到另一种语言，以保证对话的有效进行。因此，该理论中凸显线索检测是一个介于主动控制和反应控制之间的过程，目的是检测外界语境变化，为下一阶段被动控制做准备（Green et al.，2013）。

选择性反应抑制是抑制正在进行的反应发生，以允许与任务更相关的反应发生。在这里，它用于阻止说话者继续使用当前语言，并触发脱离当前语言的操作（任务分离）。语言之间的切换要求说话者既要脱离先前的任务，又要投入新的任务中（任务参与）。从一个任务转换到另一个任务的速度取决于“脱离—参与”周期，这个过程必须抑制先前活动的任务模式并激活新的任务模式，是一个快速连锁反应过程（Green et al.，2013）。

在语言使用中，为了达到交流目的，人们要利用最容易提取的词汇进行表达，需要从使用的经济效率角度做出决策，这一过程称为机会主义计划。对于双语者而言，机会主义将促使其用一种语言的单词置于另一种语言的句法框架，不太精通一种语言的人也可以借机计划他们的话语（Green et al.，2013）。例如，语言使用者说出的一句话中会出现两种语言的混用或借助身体或手势来传达意思，这说明语言使用者缺乏适当的语言手段，此时信息处于匮乏状态，不存在竞争，控制需求较低。

适应控制理论的八个控制阶段完整地描述了双语者语言使用的过程，整合了早期语言控制模型中目标词的选择竞争、非目标词的监控抑制、新目标词的转换过程，并考虑了双语者对外部语言凸显的线索检测和语言表达效率决策的机会主义计划问题。适应控制理论模型为研究真实环境下的语言使用提供了一个较为完整的理论框架。

4.2.2 不同交互语境下双语认知需求

适应控制理论认为双语者语言控制的认知需求会因为交互语境不同而发生改变，双语者在不同的交互语境下，对控制过程的各阶段认知需求存在强弱变化。为了理解交互语境与控制需求之间的关系，表 4-1 列出了两者之间详细的关系（Green et al.，2013）。

表 4-1 交互语境与控制需求的关系

控制过程	交互语境		
	单语语境	双语语境	语码转换语境
目标维持	+	+	=
干扰控制（冲突监控和干扰抑制）	+	+	=
凸显线索检测	=	+	=
选择性反应抑制	=	+	=
任务分离	=	+	=
任务参与	=	+	=
机会主义计划	=	=	+

注：+表示增加需求；=表示不影响需求。

在单语或双语交互语境下，双语者对目标维持、冲突监视和干扰抑制的需求较高（+），双语者必须解决干扰问题，以避免转换到另一种语言，此时语言任务图式是一种竞争关系。此外，双语语境中的语言控制处理不仅需要监控目标语言，抑制共同激活的非目标语言干扰，还需要在必要的时候及时做好准备，进行语言转换（Green et al.，2013）。Hartanto 和 Yang（2016）的研究发现，在颜色形状转换任务中，双语语境下的双语者比单语语境下的双语者表现出更好的转换能力。另一项研究还发现双语语境显著预测了任务转换能力（Hartanto et al.，2020）。

在语码转换语境中，机会主义计划可以帮助语言使用者利用语言任务图式的合作关系，双语者可以在一个句子中进行两种语言词汇的切换，为整合句法顺利进行语言表达提供了可能性。语境并未影响双语者对控制过程的抑制需求，但语境对形态合成过程的精细时间控制提出了要求，在语码转换语境下对机会主义计划的需求最高（Green et al.，2013）。Hartanto 和 Yang（2020）的研究基于潜变量分析的方法，通过多任务测试避免任务杂质，发现语码转换语境显著预测了抑制控制和目标维持这两个潜在变量。这一结果与理论推论不一致，可能是由测试任务的差异导致的。适应控制理论推测语码转换语境对机会主义计划的需求较高，但 Hartanto 和 Yang（2020）的研究采用的执行功能测试任务只反映了目标维持、抑制、转换和工作记忆，并未对机会主义计划进行测量。

凸显线索检测可以帮助双语者避免控制困境，不同交互语境对凸显线索检测的需求不同。例如，中英双语者连续在一个英语环境中进行会话，必须建立和维持特定的控制状态，这时英语的语言任务图式占主导地位、汉语的语言任务图式被抑制，如果此时回到汉语的环境中，该中英双语者便会出现控制困境。这种控制困境表现在先前的抑制限制了对新线索反应的灵活性，维持当前目标并抑制干扰，与响应新目标的加工过程是矛盾的。控制困境在单语语境中并不常见，在双语语境中反复出现，这一困境可以通过凸显线索检测过程得以避免。凸显线索检测可以触发下一阶段的控制过程，即选择性反应抑制、任务分离和任务参与，从而进行娴熟的语言转换。因此，双语语境对凸显线索检测和随后的控制过程的认知需求较高（Green et al.，2013）。

4.2.3　控制过程适应交互语境的缘由

Green 和 Abutalebi（2013）提出的适应控制理论认为控制过程适应交互语境的根本原因是为了减少交互成本。有效的信息沟通是对话的根本目的，尽量减少交互成本，也符合大脑的最优效率原则，不同交互语境减少交互成本的方式存在差异。

单语语境下使用第二语言与别人交谈，往往由于母语的出现导致会话中断，为了使交谈顺利进行，同时降低交互成本，就需要在抑制母语和提高第二语言熟练度之间进行调整（Green et al.，2013）。这种调整以适应的方式进行，单方面追求第二语言熟练度的提升将导致交互成本的增加。

双语语境下对控制过程的要求更加复杂，适应性反应也是如此。Struys（2019）发现从母语到第二语言的转换成本与最近接触的语言经验有关。为了降低交互成本，说话者必须保持对当前目标语言的关注，并抑制干扰，在检测到环境中需要使用另一种语言时，说话者需要转换语言。此时说话者会出现控制困境，即抑制干扰也会降低对相关外部提示的敏感性，如果语言控制不能很好地处理控制困境，则导致交互成本的增加。

语码转换语境下对机会主义计划的需求最高，交谈者坚持互惠原则，会尽量减少交互成本。例如，一位说话者使用英语在进行语码转换的中英混用群体中进行会话，说话者的英语对话行为增加了对语码转换群体的语言要求，该群体需要提高努力程度，为了降低交互成本，中英语码转换的交谈群体会与英语说话者脱离，回到语码转换语境下进行会话（Green et al.，2013）。Hofweber 等（2016）将语码转换详细划分为三种类型：① 语言的交替；② 一种语言的词汇嵌入另一种语言的语法；③ 密集的语码转换，词汇和语法共同激活。语言的交替与适应控制理论模型的双语语境相同，三种不同类型双语者的会话行为，可能也会产生不同的交互成本。

控制机制对交互语境的适应是一个灵活的过程，当个体试图使用目标语言时，交互语境会向控制过程提出认知需求，认知控制根据语境需求进行性能调整，这种反复作用的过程会影响控制过程的适应性。Timmer 等（2019）检验了这种适应过程，实验要求双语者在不同语境下完成线索提示语言转换任务，母语语境下要求被试对 83%的图片使用母语命名，第二语言语境下有 83%的图片需要被试使用第二语言命名。结果发现，交互语境影响了转换模式：在母语语境下，两种语言的转换成本相同，而在第二语言语境下，弱势语言的转换较难，此外，每种语言的命名潜伏期都受到语境的影响。这些结果表明，双语语言控制系统具有灵活性，它可以适应说话人所处的语言环境。

4.2.4 适应控制理论模型的神经网络基础

适应控制理论从内容结构、控制过程、认知需求、适应缘由四个方面阐释双语者的语言控制问题。两种语言的有效使用需要一个控制系统，该系统能够根据语境调整语言，调整过程通过元控制过程来完成。语言控制的基本认知过程包括：用特定语言说话的意图、对目标语言词汇的选择、对非目标语言词汇的抑制、对潜在干扰的监控，以及语言转换中的语言脱离和参与。与认知控制密切相关的大脑皮层和皮层下区域组成的网络协调着上述过程（Abutalebi et al.，2016）。这个网络由背侧扣带回/前辅助运动区、左侧前额叶、左侧尾状核和顶下小叶组成（Abutalebi et al.，2007）。一般认知控制与语言控制的神经网络部分重合（杨静，2016）。Green 和

Abutalebi（2013）的后续研究中增加了右侧前额叶、丘脑、基底神经节的壳核和小脑区域。Abutalebi 和 Green（2016）从神经结构和神经网络的角度对适应控制理论模型的神经网络基础进行了深入阐述（图 4-2）。

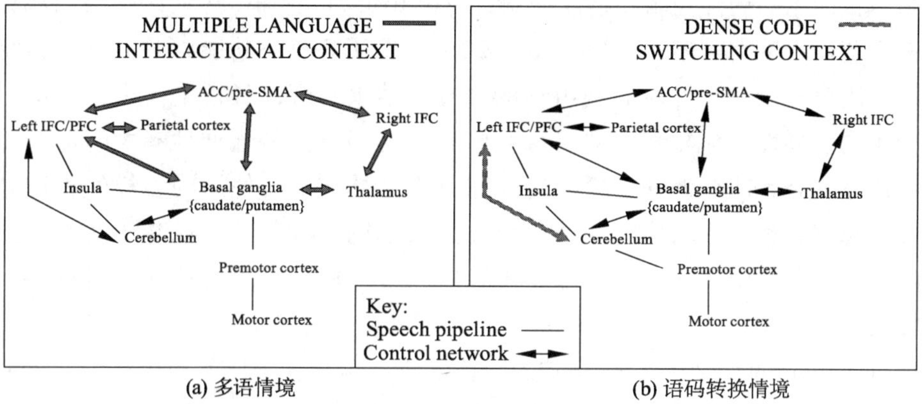

图 4-2　多语情境和语码转换情境涉及的语言控制网络

(Abutalebi et al., 2016)

根据已有的认知控制相关脑成像研究结果可以获得参与语言控制过程的大脑结构。前扣带回皮质、背侧扣带回、前辅助运动区的活动通常与冲突监控有关，前辅助运动区在语言转换中还起到启动语言的作用（Luk et al., 2011）。选择性反应抑制过程更多地表现在左侧前额叶皮质（Green et al., 2013）和右侧前额叶皮质（Aron et al., 2007），顶下小叶参与语言选择的注意定向（Abutalebi et al., 2007）。早期的 IC 模型提出皮质下结构和小脑参与语言控制，主要负责动作控制（Green, 1998）。具体来看，皮质下结构左侧尾状核、壳核与干扰控制、语言转换有关（Abutalebi et al., 2013）。小脑与语言控制网络的所有关键区域都有联系（Green et al., 2013），包括右下额叶皮质（Aron et al., 2007），小脑结构参与两种语言形态合成的控制，小脑损伤导致个体不能很好地对两种语言语素替换的单词进行识别，可以推测小脑在密集的语码转换环境中对说话这一行为起到至关重要的作用（Silveri et al., 1994）。

采用神经影像技术，研究者可以深入考察语言控制相关脑区的网络激活模式。适应控制理论模型提出两级控制过程，一层是语言产生的控制过程，该过程包括八个阶段；另一层是元控制过程，该过程是对控制过程的控制。语言控制是作用于要选择的特定刺激的局部控制，还是作用于整个语言系统的整体控制，是一个需要明确的问题。Branzi（2016）采用事件功能磁共振技术对语言控制的层级网络进行检验，发现双侧额叶和顶叶区域的皮层网络负责双语的选择性反应抑制、任务分离与任务参与，该网络参与语言产生的局部控制和整体控制；背侧扣带回/前辅助运动区作为局部控制系统负责冲突监控。Gullifer 等（2018）采用静息态功能磁共振技术研究社交语言使用多样性对大脑组织的影响，结果发现，日常生活中社交语言使用的多样性与前扣带回皮层和双侧壳核之间更强的连通性有关，即语言使用越复杂，两个大脑皮层的连通越紧密，社交语言使用的多样性程度越高，越需要负责主动控制和情境监控的大脑网络参与。以往基于实验室人工语言控制的研究认为前额叶皮质和前扣带回皮质是负责认知语言控制的重要脑区（Abutalebi et al.，2007），但是也有研究者对此提出了不同观点。Blanco-Elorrieta（2018）采用脑磁图技术研究实验室条件下和自然条件下的语言转换机制，结果发现，在自然语言产生过程中，大脑额叶和前扣带回只产生较少的激活，这说明不同语言环境影响语言控制的大脑神经网络活动，这也为适应控制理论模型提供了神经生理证据。

不同语境涉及不同的语言控制网络（图 4-2），由额叶、顶叶、丘脑和基底神经节区域组成的网络，可以实现双语环境中所需的层级控制过程，顶叶和额叶相连接的额部结构与冲突监控、干扰抑制及任务改变相关联（Kerns et al.，2004）。一项关于双语语言网络的功能磁共振研究发现，基底神经节参与“跟踪”目标语言在各个级别中的语言选择（Seo et al.，2018）。另外，以往研究认为小脑主要参与运动控制和协调，然而 Lupo 等（2020）总结了小脑在语言非运动方面的处理中起着关键作用，小脑损伤患者常出现言语工作记忆、语法处理和语言流利度障碍。适应控制理论推测，小脑和左侧额叶下部区域的回路与说话人适应语码转换语境有关（图 4-2）。在单语语境下，由于需要长时间抑制非目标语言，则不需要与语言转换有关区域的参与。适应效应的神经网络在不同语境下调节控制需求，参与控制的区域与特定的目标需求之间可能存在特殊的神经联系（Abutalebi et al.，2016）。

适应控制理论模型的神经网络运行机制研究取得了一些成果，但尚需要更多的理论探索与实证研究进行检验。控制过程对交互语境的适应与大脑区域的结构或网络参数有关，参数的设置和调节由元控制过程负责，采用结构神经影像学技术可以发现大脑结构或功能对语言使用的适应性变化。

有研究发现，在左侧尾状核、左侧壳核和小脑右侧区域，双语者的灰质密度高于单语者（Abutalebi et al.，2016）。这种适应性变化在大脑网络的连通性上也有所体现，Luk 等（2011）采用弥散张量成像（DTI）技术研究双语老年群体大脑的变化，发现长期使用双语的老年人的白质完整性高于单语者。

综上所述，研究者通过脑损伤患者的临床治疗、神经解剖学研究和正常人的神经影像学研究，检验了控制过程和元控制过程的神经网络基础，但具体语言控制过程的神经网络运行机制尚未得到有效检验。

适应控制理论模型在 IC 模型的基础上，进一步深化对双语者语言控制机制的解释，体现了内部控制与外部语境的灵活适应关系。这一理论体现了语言认知研究对主体经验和体验的重视，这种“体验性”即为“具身性”。20 世纪 50 年代认知革命发生以来，认知研究经历了一次深刻的范式转变，即从基于计算隐喻和功能主义观念的“第一代认知科学”向基于具身心智观念的“第二代认知科学 ”转变（李其维，2008）。第二代认知科学倡导认知研究要从具身性、情境的、发展的和动力学的视角去开展研究（李恒威 等，2007）。适应控制理论强调认知控制与交互语境的关系，将语言认知研究置于身体与世界的适应过程中，提高了语言认知研究的外部效度。

4.2.5　双语认知控制研究展望

众多研究者对双语语言控制展开了理论探索，从词汇的选择竞争到抑制控制，再到具身体验的交互语境，其中，适应控制理论模型积极推动了语言控制理论的发展，为语言控制的解释提供了更为灵活的框架。常欣等（2017）在研究双语切换代价问题时也提出需要关注语言使用情境对双语者控制机制的影响。适应控制模型的核心观点是语言的控制过程要适应特定语言环境的需求，这有助于解释双语者在实际语言产出过程中的精细语言控制过程，未来可以围绕以下几个方面进行探索。

（1）交互语境的界定

适应控制理论模型的前提是存在不同的交互语境，划分不同语境的角度有自然条件和实验条件两种。自然条件下，语言的使用具有多样性的特点，说话人可以体验所有不同的交互语境：平衡双语者可能拥有双语和单语语境；没有语码转换语境；不平衡双语者可能拥有单语和语码转换语境，没有双语语境。Hartanto 和 Yang（2016）使用双语互动语境问卷修订版区分了单语语境和双语语境，将真实的使用语境予以量化。Gullifer 等（2018）从家庭、工作、社交环境中收集的语言历史数据，计算出语言使用多样性的连续量化值。在自然交互语境背景下，研究者倾向于考查语言经验与语言控制间的函数关系，注重分析稳定效应（Beatty-Martínez et al.，2020；Hofweber et al.，2016），以及自然交互语境对语言控制系统的调节作用（Hartanto et al.，2016）。与自然条件下的交互语境不同，也有研究者在实验条件下通过图片命名任务设置双语者的交互语境（Timmer et al.，2019）。在实验交互语境背景下，研究者倾向于选取同一组双语被试操纵语境变量，注重即时效应（Jiao et al.，2020），但实验条件下的交互语境均为单语语境和双语语境，未能诱发语码转换语境。未来研究的不同语境是在实验条件下引发，或是在自然条件下测量，取决于研究者的研究问题、理论出发点和研究取向。

（2）不同语境下语言表达的认知需求变化

Green 和 Abutalebi（2013）根据适应控制理论模型进行推论，双语者在单语和双语语境下，对凸显线索检测的需求较高，按照命令提示转换语言时可能会触发一组控制过程，提前完成目标语言的选择，抑制非目标语言；双语者在语码转换语境下，对机会主义计划的需求较高，说话人更关注语言的流畅表达，不考虑语言的类型，可能在自由切换情况下表现较好；另外，双语语境和单语语境的差异可能发生在对提示线索的反应上，由于双语语境说话者已经做好了使用两种语言的准备，对提示线索发生的短暂认知负荷可能更早，一旦发生语言转换，双语语境说话者的反应和语速可能更快恢复到基线水平。已有研究发现，维持最佳语言控制所必需的控制需求因特定语言交际情况、第二语言熟练度、抑制能力的要求而有所不同（Pivneva et al.，2012）。未来研究可以采用实验法，要求被试向听话人描述事件，考察在自由切换和命令提示两种条件下，探索语境、第二语言熟练度、抑制能力对双语语言表达流利度的影响。

（3）控制过程适应交互语境的影响因素

适应控制理论的核心观点是交互语境会对语言控制的不同过程提出具体的要求，语言控制通过改变工作方式参数来适应交互语境，这个适应过程受到个体内部和外部两方面因素的影响。在内部因素方面，个体自身的适应能力及心理状态可能也会对语言控制过程产生影响。Yang 等（2018）

的研究发现，状态焦虑会增强反应控制并损害主动控制。此外，说话者为了提高会话效率、减少交互成本，会选择最适合于某种交互语境的会话方式，这就要求他们精通两种语言，所以语言熟练度可能会对模型的适应关系产生影响。在外部因素方面，Green 和 Abutalebi（2013）推测交流次数也可能与适应性变化之间存在数量关系，这种关系可能是线性或非线性的，它反映了语言实践与交流效果之间的关系。适应关系也可能受到交流程度和交流时间的影响，交流程度越深，时间越长，适应的效果越好，会话过程越流畅。

（4）深入检验控制困境

控制困境即先前的抑制状态限制了面对新任务时的灵活性，这也是一个需要深入研究的问题。Goschke 和 Dreisbach（2008）提出通过检查对干扰抑制的反应和随后语言转换的反应之间的关系来检验控制困境，建议可以尝试通过提示语言与抑制属性的一致性来提高反应灵敏度。如中英双语者用英语表达时要抑制汉语，随后用汉语表达时要激活汉语，中间的线索提示的语言类型会影响转换反应的灵活性。另外，后续研究也可以尝试使用不同感觉通道的提示，提示可以是视觉的、听觉的或是多模态的。

（5）不同控制过程的神经网络基础

明确适应控制的神经网络基础是深入阐释控制过程适应交互语境机制的关键。适应控制理论对不同交互语境的神经网络基础进行了梳理，但这些神经网络的建立是基于已有执行功能神经网络进行的理论建构，一些具体控制过程的神经网络还需要更多基于脑成像的方法进行验证。Blanco-Elorrieta 等（2018）使用脑磁图（MEG）的方法发现双语转换过程中的认知负荷主要在任务分离阶段，而不在任务参与阶段。另外，不同交互语境的双语者可能会使用一般控制网络去处理非语言任务，由于控制网络是基于不同需求建立起来的，所以不同语境双语者完成非语言任务时也可能出现不同的大脑运行模式，这种不同的模式也可能在神经控制网络中显现出来，这些问题都需要通过展开进一步的研究来解决。

4.3 双语的认知优势效应

4.3.1 双语认知优势效应的内涵

双语经验究竟能给认知带来何种影响，这是一个经验性的问题。20 世纪中叶，主流观点认为双语对智力和认知功能是有害的，特别是用语言测试来评估认知功能时。研究者们对双语影响认知和语言发展的机制感兴趣，所做的研究通常着眼于双语对儿童的影响。Peal 和 Lambert（1962）对儿童双语能力与智力关系的研究标志着一个转折点，即从认为双语能力对语言能力有损害，转变为双语在特定条件下有利于语言能力和认知功能。

Peal 和 Lambert 的研究中选取的被试为 10 岁儿童，他们来自加拿大蒙特利尔地区的法国中产阶级学校（当时那里大约 80%的人讲法语）。被试经过严格筛选，这项筛选包括一系列测试，以确定参与实验的孩子是法语单语者还是完全平衡的法语—英语双语者，不能明确归类为单语或平衡双语的儿童被排除在外。研究测试了被试的语言能力和非语言智力分数，此外，还收集了一些背景变量的信息，如儿童及其父母对英语和法语的态度，儿童在学校的表现，儿童的年龄、性别和社会经济阶层。

Peal 和 Lambert 的研究发现，无论是语言智力的测试还是非语言智力的测试，双语儿童在绝大多数测试中的表现都明显好于单语儿童，双语儿童在概念形成和心理灵活性任务上优于单语儿童，双语儿童的心理能力比单语儿童更具优势。当两组人在社会经济阶层、年龄和性别上的差异得到控制时，这些结果也成立。这些结果令研究人员大吃一惊，因为通过对先前的文献进行梳理，可以预测在测量语言智力的测试中，单语者的表现应该比双语者的表现更好，而在非语言智力测试中，单语儿童和双语儿童的表现没有差异。

研究者对于结果有不同的解释，一种解释是在蒙特利尔地区，英语和法语都是社会重视和尊重的语言，学习第二种语言充实了他们的语言储备，这种双语形式有利于认知能力的发挥；另一种解释考虑了双语与智力的相关关系，越聪明的孩子越可能会成为双语者。要明确究竟是双语经验引起认知能力的改善，还是认知能力高的孩子更有机会成为双语者，就需要确定双语经验与较高认知能力之间的因果关系，而这可以通过操纵实验变量或者开展纵向研究来确定。

一些纵向研究表明，双语确实可以改善认知功能。其中一项研究选取两组加拿大儿童。在研究开始时，一组（实验组）儿童通过几年的法语沉浸式教学获得了学习双语的机会，而另一组（对照组）儿童没有获得这一机会，只接受了加拿大传统学校的英语教学。在研究开始时，两组孩子在智商和社会阶层背景上是相同的。另一项研究在新英格兰的一个地区开展，一组采用双语授课，另一组采用全英语单语授课，两组孩子的智力和社会经济背景相似。几年后对这两项研究的被试进行测试时，双语儿童在反映认知功能的测试（如数学测试或发散思维测试）上都优于单语儿童。

国内也有研究通过维度卡片分类任务、Simon 任务等方式考察双语者在认知控制能力方面的优势，发现双语者较单语者有着更强的抑制分心、监控情境变化和切换反应的能力（邱旭升 等，2019；谢枝龙，2018）。双语者在两种语言间进行语码切换和抑制能力的训练，以及一般领域认知控制机制的频繁使用，是导致双语者认知控制能力提高的根本原因（Ryskin et al.，2014）。如口译员经常进行语义转换，因而在口译员身上发现了认知优势效应（赵宏明 等，2021）。

神经科学的研究结果也证明双语认知优势的存在，但优势的表现形式不同。Coderre 等（2016）的研究发现，单语者语言与认知控制的神经区域是分开的，双语者的认知控制神经区域比单语者的更具有网络化特点。Stocco 等（2014）的研究结果显示，双语者大脑基底神经节的体积增大。另外也有研究发现，双语者的 N450（ACC 中产生的一种成分）的振幅比单语者的更小（Heidlmayr，2015），额叶下回、顶叶下小叶、ACC 的灰质密度增加，双语者的大脑结构和功能会重组，网络效率会提高。从神经学的角度看，效率也是一个优势（Grundy et al.，2017），但是这种优势表现在执行功能的不同成分中。Sun Xun 等（2019）采用静息态功能磁共振成像（rs fMRI）发现双语者在认知灵活性和抑制上有差异，在工作记忆上没有差异。

随着研究的深入，许多学者对双语认知优势效应提出挑战，学者们采用 Simon、Stroop、Flanker、反扫视等任务并未发现双语者的认知优势效应。Donnelly 等（2019）进行了双语认知优势的元分析，发现了比较微弱的双语认知优势效应。研究者们开始采用多种任务大量重复检验双语认知优势效应，并考虑发表偏见等问题。

4.3.2 对双语认知优势效应的检验

研究者做了大量实验证明双语认知优势效应，然而不断重复检验却未能准确证明双语认知优势效应，研究出现矛盾的结果，使研究者不得不思考以下几个方面：

① 双语对执行功能的哪个部分有影响？

② 双语者在语言控制过程中使用的确切神经控制机制是什么？

③ 一个领域通用的控制机制是否同时影响语言控制和非语言控制？

④ 任务杂质对双语认知优势的检验是否产生影响？

⑤ 复制失败是否主要与行为数据有关？

⑥ 神经数据复制失败的情况是不是很少？

⑦ 文化问题没有包括在内？

如前所述，认知功能的结构较为复杂，双语使得认知功能的哪些方面得到了改进？根据大多数学者的观点，大脑神经具有可塑性，技能训练会使神经网络结构之间的功能和连接更强，所以当个体完成其他任务时，可能会表现出优势。具体在双语使用时，选择一种语言而抑制另一种语言会增强抑制控制系统，该系统仅为认知控制系统的一部分，频繁在两种语言间转换，可以增强大脑认知控制的能力，这种能力可能会促进非语言任务。

学者们对双语抑制控制的机制展开了深入的研究，Braver（2012）提出反应控制和主动控制两种控制。反应控制是抑制对刺激的动作反应。主动控制是保持对目标的警觉。一些研究人员认为，双语者更多地使用主动控制机制而非反应控制机制，这有助于他们提前计划行动。Valian（2015）认为，目前没有正确的任务来检测认知控制。实际上，研究者仍不清楚某个特定的任务是否能检测某个特定的认知过程（比如 Stroop 任务检测冲突解决），也不知道某个特定任务能否模拟双语者语言控制的机制。目前，研究者正从多角度探讨双语认知优势，最重要的问题是哪种机制能解释双语者的优势，哪种任务能体现其优势。语言熟练度、转换率、支配地位、习得年龄或支配程度等变量对认知控制的影响不同。此外，这些相关因素在儿童、成人及老年人中都存在差异。

一些人认为社会经济地位（SES）可以解释单语者和双语者之间的所有差异。社会经济地位是结合经济学和社会学关于某个人的工作经历、收入、教育和职业等因素相对于其他人的总体衡量。社会经济地位是反映智力和读写能力在内的心理机能的有效指标（Mani et al.，2013）。也有研究指出，双语经验可以改善社会经济地位低的儿童的认知功能。

大多数研究对双语认知优势效应的检验只是单纯对抑制、监控和转换进行测试，并没有分析变量之间的相关性（Paap et al.，2013）。各个研究选取的双语被试具有较大的文化差异，因此，重复性研究常常会因不可控因素而失败。Paap 等（2017）认为双语认知优势的检验需要在至少两项不同任务中使用不同的实验方法表示出显著的统计学优势，并且两项任务应具有高度相关性。

虽然 Paap 等（2017）有时会对发现双语认知优势的研究使用的方法发表一些合理的反对意见，但他们自己对研究方法的使用也不够谨慎。在他们的大多数研究中，双语被试的第一语言不同。双语认知优势检验的最初目的是证明双语者的反应比单语者更快。但在有些国家，很少有只会一种语言的人，比如印度。那么，在印度如何检测这些假设呢？Mishra 及其同事（Singh et al.，2012，2013，2015，2016）一直使用第二语言熟练度（L2）作为分组变量，并发现了阳性结果。此外，Mishra（2015）甚至认为不应比较双语者和单语者，因为神经影像研究结果显示，他们的神经组织可能不一样。

Francis（2012）发现如果不考虑特定实验的效应量大小和使用的样本量，所谓的成功检验也有可能面临更多的问题："尽管实验心理学家一直认为，成功的重复性研究可证明经验性发现的有效性，但这一观点不绝对正确。当实验的效应量较低时，即使实验成功重复，可能也难以很好地对结果进行解释，同时也可能出现更多效应量低的重复性实验，这表明存在某种形式的发表偏见"。

4.3.3 双语认知优势研究中的发表偏见

发表偏见是指主要研究传播渠道（如期刊）中，阳性结果发表多于阴性结果发表的现象，这将导致某领域发表许多阳性结果，但很少发表失败的重复性研究结果。一些报告表明心理学家更倾向于发表阳性结果而非阴性结果（Francis，2012）。虽然阴性结果可以表明该领域的现状及主要理论的问题，但这些结果往往不能通过论文审查。大多数研究者发表阳性结果，这就造成了理论流行的假象。为什么通常不发表阴性结果？许多期刊表示，他们非常不愿意接受阴性结果或是重复性实验，他们更愿意发表能产生新成果的文章。许多学者对现存问题进行了分析，认为心理学期刊只重视新颖性而忽视研究方法的严谨性（Francis，2012）。

Francis（2012）认为，如果阴性假设被拒绝发表的次数超过预期阴性结果的次数，那么该领域可能存在发表偏见，使用贝叶斯数据分析技术可以有效地避免发表偏见。在一项临床研究的综述中，Easterbrook 等（1991）发现，具有显著结果的研究论文更有可能发表在影响力较高的期刊上。Ferguson 和 Heene（2012）指出，心理学反对发表阴性结果，实际上意味着它更不可能伪造理论，这个观点目前仍然被接受，但该观点可能造成发表偏见。最近，许多研究者使用统计方法和元分析来“检测”某一特定领域是否存在发表偏见（Lane et al.，2016）。

de Bruin 等（2015）研究了双语认知优势文献中的发表偏见。他们选择了 1999—2012 年间发表的会议论文摘要。研究目的是明确双语认知优势的阳性结果是否更容易发表，研究结果证实发表偏见确实存在。Bialystok 等（2015）针对 de Bruin 等的这篇论文写了一篇评论，并质疑其研究方法。他们认为，会议论文摘要往往提供初步数据，不是用来获得发表偏见有关内容的较好选择。想证明发表偏倚最好的证据是比较阳性结果和阴性结果的用稿率。但是，这些数据尚无法获得。de Bruin 等未能将阳性结果用稿率与阴性结果退稿率进行比较，就没有有理由证明存在发表偏见。Bialystok 等（2015）认为，只有阴性结果数量及其发表率才能解释某一领域是否存在发表偏见。

在一个领域内研究发表偏见和趋势的另一种方法是使用文献计量法，这种方法基于一段时间内对某一理论的支持或质疑来量化已发表的研究，其中包括引用。通过这种方式，就可以知道这段时间内阳性结果或阴性结果哪种更占主导地位。Sanchez-Azanza 等（2017）检测了 2005—2015 年期间双语认知优势领域发表的研究，他们将研究分为四类：支持双语认知优势的研究、挑战双语认知优势的研究、模糊的研究和未提及优势的研究。他们还统计了这几年间关于这些研究的引用，结果显示，在 2014 年之后，质疑双语认知优势理论的研究数量显著增长，此外，对挑战这些研究的引用也超过了支持双语认知优势效应研究的引用。尽管在此期间发表不支持双语认知优势效应的文章数量少于支持双语认知优势效应的文章数量，但它们的确更容易引起学者们的关注。例如，Hilchey 和 Klein（2011 年）对认知优势理论提出质疑的一项元分析研究，截至 2021 年 11 月已被引用了 412 次。

作为“无优势”立场的主要倡导者之一，Paap 一直质疑优势观点。Paap 认为支持双语认知优势的研究中被试数量较少，而且被试表现认知优势的主观意愿很强。Bialystok 及其同事认为，Paap 的评价似乎引起了一场错误的争论，实际上阳性结果并无问题。Bialystok（2016）表示，使用某些类型的分析可能导致阴性结果。在 2011 年的综述中，Hilchey 和 Klein 也指出，在样本量较小的情况下得到了阳性结果，而大样本量则可能得到阳性或阴性结果。如果样本分布更广，那么样本中的双语者可能具有不同的属性。Paap 等的研究（2014）显示了不同样本量研究中的效应分布情况。图 4-3 显示，由于研究被试较少，他们获得阳性结果的可能性更大，当研究人员采用的样本量较小时，他们可能会得到一个不真实的阳性结果。此外，Paap 还提出聚合效度的问题，即实验各任务间的相关性，当检测执行功能的不同任务不相关时，就无法进行解释。这些问题使人们很难相信这种阳性结果。值得注意的是，在心理学的其他分支领域，研究者经常使用非常小的样本量。许多心理物理学或视觉研究领域的研究只选取了 15 人左右的样本量（Mantagnint et al.，2007；van den Heuvel et al.，2010）。分支领域内关于被试人数（N）的问题是不存在偏见？或者，这是不是一个这些考虑因素之外的统计问题？如果考虑用备择假设来检验，如贝叶斯模型，许多研究者会采用一种方法，即将样本量固定在一定数量。当然，任何统计方法都有其缺陷，问题在于，那些已经得到阳性结果的研究者是不是因为统计上的缺陷而得到的。如果这些研究是在大样本量被试中进行的，他们的结果会改变吗？

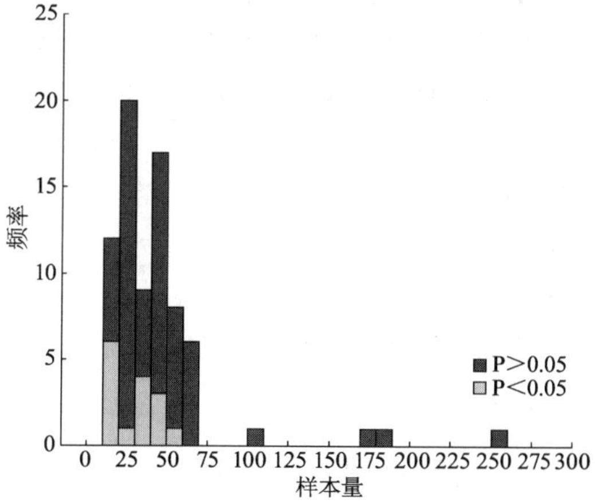

图 4-3　双语认知优势与样本量函数的柱状图（Paap et al.，2014）

发表偏见是否只存在于行为结果中？Paap 等（2014）写了一篇长篇综述质疑双语认知优势的存在。他们研究了脑电图和功能磁共振成像的结果是否也显示出双语认知优势。Paap 等（2014）指出，部分神经科学研究表现出了双语认知优势。例如，Abutalebi 等（2011）发现，双语者在执行 Stroop 任务时，前扣带皮层（ACC）的激活少于单语者，该研究认为双语者的冲突监控能力比单语者强。然而，Paap 等（2014）认为，Abutalebi 等（2011）实际上研究的是抑制控制而不是冲突监控，因为他们只是简单地在一致性和不一致性实验中计算了血氧饱和水平（BOLD）信号强度。Moreno 等（2010）比较了双语者和单语者在句子阅读过程中进行冲突解决时的脑电图，发现双语者的 N400 效应高于单语者。研究者认为，这种更高的 N400 效应表明双语者比单语者具备更好的冲突解决能力。但是，Paap 等（2014）认为，这表示的是双语劣势而不是优势，因为在事件相关脑电位（ERP）的研究中，当语境中的词汇意义整合困难时，N400 波幅通常会上升。如果真是这样，研究者对 N400 成分的不同解释则意味着他们往往选择更容易解释的方向。然而，对于像 N400 和 P600 这样的事件相关脑电位成分，是否有一个统一的、所有人都认可的定义呢？许多心理语言学和认知神经科学领域的语言研究表明，直到现在，研究者仍在努力解释这些效应。当出现语义整合问题时，N400 成分会显示出更多的信息，但许多人也发现，当人们未能在句法上整合成分时，也会出现这种效应（Hagoort，2003）。

那么，如果双语认知优势确实存在，那真正能研究它的方法是什么呢？Paap 等（2015）认为研究应该注重构建解释两种语言间控制机制的理论模型，明确哪种控制过程对应执行功能的哪个成分这一问题，明确该问题将使人们识别出什么样的双语经验类型可以促进执行功能。这些群体应当用可操作的方法，在社会经济地位、移民身份、文化等方面进行匹配，选择的任务和措施必须证明具有集中有效性。即使如此，最好在研究某一成分时选取两个不同的实验任务，防止双语认知优势只出现在特定的任务中。每一组被试人数应提前确定，并以合理的期望值水平为基准。

总之，仅在少量阴性结果基础上研究，很难证明存在发表偏见。需要注意的是，目前无法获得阴性结果的退稿数据。因此，造成结果不确切的原因可能有很多，包括方法问题和个人差异。

4.3.4 对双语认知优势理论的质疑

尽管重复性研究还将继续，但对一种理论的研究所提出的观点、概念和方法的质疑进行检验十分重要，这些研究到底试图说明什么？它们的攻击点在哪里？那些进行元分析的研究者也会持先验立场，如果他们选择的文章有偏见，可能会在争论中增添更多问题，我们无法确保一项挑战某理论的元分析在方法上没有问题。元分析实际上导致近来对双语认知优势理论的持续攻击。Hilchey 和 Klein（2011）的元分析攻击了双语认知优势理论的一个非常核心的前提，他们将目标对准使用 Stroop 或 Simon 等冲突任务的研究，这些研究的主要对象是年幼的双语儿童，研究者将他们与单语者进行比较。Hilchey 和 Klein 认为，如果抑制是因其不断练习而导致双语认知优势的核心机制，那么双语者应该只在不一致条件下表现更好，而在一致条件下没有差异，因为一致性实验在类似任务中没有任何冲突，因此，在一致条件下不应该发现组间差异。但是他们发现，支持具有双语认知优势的研究在一致性实验中也观察到双语者的反应时（RT）优势。进一步的研究发现，在大多数的这类研究中，双语者的反应总体上比单语者快。被检验的研究使用了不同类型的任务，如 Stroop 任务、Simon 任务和侧抑制任务。Hilchey 和 Klein 根据观察到的现象提出了两个重要的观点。他们认为，双语者可能具有整体上的认知控制能力，这使他们在各项实验中反应更快。双语者和单语者可能不仅仅在抑制控制方面有区别，一些研究确实在冲突监控任务中发现了双语认知优势，同时双语者也表现出整体上的反应时优势（Bialystok et al.，2004）。Hilchey 和 Klein 提出了一种观点，称之为双语执行处理优势。在他们提出观点后，并没有很多研究发现这种整体上的反应时优势，它依然是一种猜想。这种元分析的重要性在于它提供了一个概念性的选择。事实上，我们并不清楚双语认知优势到底是出于抑制还是监控，还是两者兼而有之。因此，Hilchey 和 Klein 的元分析似乎可以帮助研究者重新思考并解释双语认知优势发生机制的多种角度。然而，最近 Klein 发现双语者的整体反应时的优势并不常见，他们已经修改了最初的想法（Klein，2016）。

另一重要的综述表明不完全支持 Hilchey 和 Klein（2011）的分析，也不支持 Paap 和 Greenberg（2013）的无效结果。Valian（2015）认为可能有两种情况，她认为也许存在双语认知优势，但与单语者相比这些优势可能被隐藏，因为单语者有时可能会有更强的认知控制能力。单语者的认知控制能力可能会因为玩电子游戏或类似要求的任务而增强。因此，即使双语对认知控制能力本身有一定的积极作用，但两组被试间的差异无法显现。

这一结论并没有完全否认双语认知优势的存在，而是在构建一个能够整合争议的新理论。Valian 还提到了任务不纯和被试年龄的问题。双语对认知的影响在幼儿、年轻人和老年人群体中具有不同表现。因此，在不同年龄组被试间重复检验，很可能面临失败的危险，因为认知控制能力本身随年龄不同而出现较大变化。Valian 的分析还指出，也许人们还不知道检验双语认知优势的确切任务。她认为，研究并不能总是表现出双语者和单语者之间的差异，因为许多单语者比双语者接受过更多的认知训练，这可能使他们在认知控制任务中表现得像双语者一样优秀。这是一个很重要的见解，因为它提醒我们注意除双语之外的变量，这些变量可以丰富认知控制相关研究。尽管 Hilchey 和 Klein 在批判抑制控制的研究方法时考虑了整体上的反应时优势，但 Valian 则更全面地研究了这些问题。

Antón 等（2014）研究了双语儿童和单语儿童是否在注意神经网络任务（ANT）上存在差异，ANT 通常用于测量不同的注意网络。研究者检验了双语可能影响注意神经网络的假设。他们在进行大量的比较实验后，并未发现双语儿童和单语儿童之间存在任何差异。此前，Costa 等（2009）的研究已表明，与单语者相比，双语者在注意神经网络任务上有一些优势，但这些优势仅限于某些特定情况，比如在任务变得非常复杂的情况下。Antón 等（2014）总结到，也许研究者并没有发现双语儿童在注意神经网络任务上比单语儿童表现得更好，这项研究及其结论并不排除双语认知优势在其他注意任务上的可能性。有关双语与注意的问题将在下一章详细讨论。

总之，有很多研究未能重复双语认知优势的结果。有研究者得出“没有双语认知优势这回事”的结论，而另一些研究者则认为我们还没有正确对待这个问题。一些研究者在儿童身上发现了阴性结果，并认为这一结论可以适用于年轻人。而有些学者研究了年长的双语者，发现他们表现出了认知优势（Bialystok，2004，2008）。还有一些研究尚未发现老年人认知控制能力较强的有力证据（Antón et al.，2016；Kousaie et al.，2012）。无论是选择了正确的任务还是选择了正确的年龄，在这个领域中已经出现了许多失败的重复性研究。在下一节中，笔者将讨论那些试图将研究结果重复到老年人身上的研究，包括来自医院记录的神经退行性疾病患者的研究。这些研究将进一步告诉我们，双语认知优势在生命中是可持续的还是仅限于某个年龄段。

4.3.5 双语与认知储备

许多研究表明，在人的一生中，不断练习双语可以建立认知储备，从而对抗神经系统疾病的发作及认知老化（Alladi et al.，2016，2017；Bialystok，2007）。对这种观点的解释是，双语练习增强了大脑的认知功能系统，从而延缓老年认知老化等疾病的发作。那么一般认知能力如何随时间变化？图 4-4 展示了从童年到老年的认知能力的三种可能变化模式，图 4-4a 所示为单一观认为人的认知能力在童年期上升，成年期保持不变，老年期下降；图 4-4b 所示为晶体智力和流体智力的观点认为老年人具有较好的晶体智力，而流体智力有所下降；图 4-4c 所示为分层表征观认为老年人的表征能力在练习和使用的情况下得到很好的维持，控制过程在不同的年龄段有发展也有下降，大脑不同的区域的表现也不同。

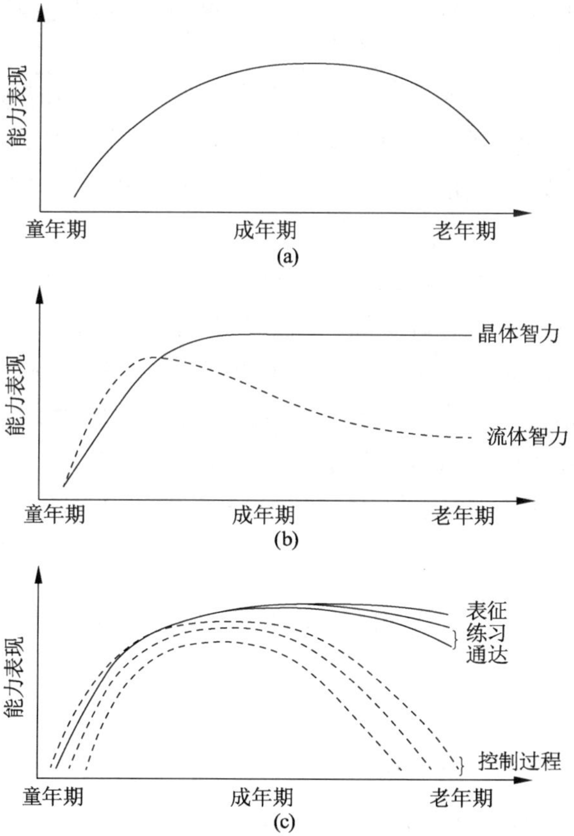

图 4-4 解释认知能力从童年到老年变化的三种可能模型（Craik et al.，2006）

Craik 和 Bialystok（2006）提出，如果人的大脑中与认知控制有关的区域得到更多的认知训练，那么其功能退化会减缓。即使随着年龄的增长，大脑会出现一定衰退，但持续的练习也能保持大脑结构和功能的稳定性。双语练习是否可以防止认知灵活性、冲突监控能力、选择性注意能力的老化呢？研究表明，随着年龄的增长，核心认知功能的衰退表现出较大差异（Cepeda et al.，2001）。认知控制的不同组成部分具有不同的变化趋势，抑制控制比工作记忆衰退得更快（Glisky，2007）。想要清晰地描绘双语调节认知能力的年龄变化趋势，就需要了解双语者在不同年龄阶段使用双语的程度，双语使用量取决于不同的社会语境。如果双语的练习量是影响双语调节认知能力的关键因素，那么我们有必要搞清楚老年人的双语使用量。但在某些文化中老年人较少使用双语，这样他们的神经系统将很少得到训练，目前我们无法获得比较老年人使用和不使用双语对认知能力影响的数据，现有的关于双语与认知老化的研究结果是基于神经退行性疾病患者及其双语能力的相关研究得到的。

双语可以防止认知老化的观点对临床医学产生较大的影响，目前的研究预测，到 2050 年，欧洲 60 岁以上的人将达到欧洲总人口的 30% 以上（Leca，2017），如果使用双语能够减缓人口老龄化国家民众的认知老化，那么国家将会减少很多医疗保障支出。

如何知道双语是否能延缓神经退行性疾病的发生？研究者通常采用一种查看住院患者病历信息的方法。当这些患者接受治疗时，临床医生通常会搜集人口统计信息，其中包括语言信息，有时这些信息可以看出患者是双语者还是单语者，那些双语患者发生神经退行性疾病的时间一般晚于单语者，还有一种可能是双语者和单语者的发病时间相同，但是大脑的退化程度不同，双语者能更好地保持大脑结构和功能的稳定性。

4.4 双语认知控制的神经机制

4.4.1 第二语言的皮层表征

第二语言的习得会影响神经结构并对其进行修改，这背后的假设是什么？神经语言学家 Paradis（2004）和 Hecaen（1972）认为，语言结构应该能够影响神经层。当然，语言对大脑的功能意义最早是由 Lenneberg（1967）明确提出的。Paradis（2004）在他的著作《双语的神经语言学理论》中强调，要谨慎地从语言加工的角度解释大脑神经数据，来自双语失语症患者的数据对于构建这种神经语言学的双语理论非常重要。根据这一研究思路，双语不应该仅仅被认为是两种语言体系，还涉及另一种语言的习得会如何影响为第一种语言服务的已有神经网络，以及两种语言之间的结构相似或不同会如何削弱或促进习得，进而影响神经激活。许多神经语言学研究已经检验了第一语言和第二语言是具有独立神经网络，还是受同一个神经网络控制的问题。Perani 和 Abutalebi（2005）发现，第一和第二语言处理激活的是同一个神经网络。如果说话人的第二语言流利度较低，那么大脑负责语言功能的神经网络的激活程度就会提高。随着熟练度的提高，大脑神经网络会自我调整。因此，第二语言的习得年龄、熟练度都会影响大脑相应区域的激活程度。需要注意的是，这些变量也会影响语言管理过程中的认知控制。

神经影像学证据能在多大程度上支持双语—单语的结构差异呢？Garcia-Pentón 等（2015）对许多人在这些脑成像研究中采用的方法提出了质疑。质疑的核心问题是，首先，双语群体在不同变量方面的异质性；其次，他们认为不同的研究者使用了不同的方法来分析大脑成像数据。此外，针对非西方双语群体的脑成像研究非常少。最近，Das 等（2011）研究了印度双语者和单语者之间的结构差异。这些研究者报告了双语功能在微观结构层面的差异。

第二语言（L2）的皮层表征是该语言习得年龄和熟练度共同作用的结果。Perani 等（1998）通过大脑成像对意大利—英语和西班牙—英语双语者进行了研究，他们都精通第二语言，但习得年龄不同。Perani 等探讨了第二语言习得年龄和熟练度是否会影响与第二语言相关的皮层激活。研究表明，这些双语者的母语（L1）与第二语言的表征既有相似之处，也有不同之处。因此，对于这类双语者来说，没有专门用于第二语言处理的神经网络。第一语言和第二语言可能没有结构上独立的、专用的神经网络，但是不同的神经网络可能通过重构的方式来处理第一和第二语言，这一过程受到习得年龄和熟练度的影响。

在最近的功能磁共振成像（fMRI）研究中，Xu 等（2017）选取中英双语被试完成内隐阅读任务，主要目的是观察大脑哪些区域分别对汉语和英语表现出活跃。

研究者进行了多体素像素分析，发现在相同的皮层结构中，不同的神经网络参与了第一和第二语言的处理。因此，功能独立性与不同的结构位点或区域网络无关，而与神经元群有关。研究者使用词汇作为阅读材料，因为词汇不会带来使用连续发音的复杂性。研究发现了关于语言控制的有趣现象：如果双语者必须控制两种语言并在两种语言之间转换，那么双语者会出现大脑神经网络功能的分离；如果两种语言不发生转换，则大脑激活区域为单一网络，同时不会出现语言控制。Abutalebi 和他的同事在许多功能磁共振成像研究中展示了第一和第二语言在大脑中的结构独立性（Abutalebi et al.，2001；Abutalebi，2008）。

对于双语者来说，两种语言的习得顺序对他们日后的熟练度起着重要作用。众所周知，在神经语言学文献中，左额叶和颞叶区域被用来处理第一语言（Perani et al.，1996）。一个人学习第二语言时会发生什么？Dehaene 等（1997）在一项针对法语—英语双语者的早期脑成像研究中发现，当被试听故事时，第一语言激活左半球，而第二语言激活右半球。这使得研究者们提出这样一个结论，即双语者左半球为负责传统第一语言的区域，习得第二语言后，右半球内的新区域被启用。大脑中语言表征的更直接的证据来自对接受手术的患者进行皮层记录的研究。在这样一项研究中，Lucas 等（2004）对接受手术的患者的皮层部位进行记录。研究者们的报告中指出，虽然第一和第二语言的处理在功能上可以分离，但在左、右半球区域也有许多共享的位点。左半球的语言区域只负责第一语言的处理，而后部和前部区域被用来处理第二语言。这一说法与 Xu 等（2017）之前所做的讨论有很大不同。

然而，也有研究不支持两种语言之间结构和功能分离的观点。Abutalebi 等（2001）回顾了双语和神经影像学文献，认为语言熟练度和语言接触是重要变量，这两个变量对大脑结构和功能的影响程度超过习得年龄。这些变量更多地与双语技能的获得和实践有关。Abutalebi 等（2001）认为，随着熟练度的提高，一个大脑网络会被两种语言共同使用。熟练度也被证明可以调节双语者的认知控制（Singh et al.，2012）。我们有理由认为，随着双语者成长为流利的第二语言使用者，专门用于第一语言的大脑神经网络会开始适应。这里的“适应”指的是启用认知系统来处理相关语言。这一观点意味着，那些习得年龄较早，但目前还不精通第二语言的双语者，可能无法通过大脑神经网络适应第二语言的习得。

Grosjean 曾经提出双语者不是单语者的综合，他的主要论点涉及语言模式的概念：双语者可以将自己设定为不同的语言模式。语言模式是由单语和双语转换的情境引起的。Grosjean 将语言模式定义为“在给定时间点双语者的语言激活状态和语言处理机制”（Grosjean，2001）。语言模式理论将这种对情境的选择性偏好和结构分离的问题联系起来。那么双语者的两种语言系统的神经结构是不是分离的呢？如果存在结构性分离，那么双语者如何在两种模式间自动转换？Marian 等（2003）利用眼球追踪技术研究了并行语言激活，提出有一个共同的神经网络负责并行语言激活，而处理词汇结构可能用到两个不同的神经网络。这种观点与心理词典的多重编码假说类似。

4.4.2 双语转换的脑机制

双语能力最显著的特征之一是语言转换。许多神经影像学研究都集中于语言转换及如何塑造大脑神经网络（Abutalebi et al.，2007；Hernandez，2009；Luk et al.，2011）。如果双语者总是在不同的语言之间转换，那么这通常会让他们成为好的转换者。这种语言转换还可能促进其在非语言任务中产生更小的转换成本，因为转换作为一种机制并不仅限于语言。非语言任务转换研究表明，这种转换需要耗费认知成本（Arrington et al.，2004；Rogers et al.，1995）。在两个任务之间转换会对任务规则的维持造成影响，例如，交替执行 Stroop 任务或 Simon 任务，在这两个任务间成功转换需要记住不同的规则，完成转换任务时需要被试将注意从一项实验转移到另一项实验，这需要认知控制。例如，给被试看一只猫的照片，并要求被试在一次实验中将它命名为“猫”，然后在另一次实验中将它命名为“动物”，这两种反应之间的转换相当于任务转换。在非语言任务转换中，双语会带来认知优势吗？或者非语言任务转换训练是否会影响语言之间的转换？

转换假说将语言控制和非语言控制都与同一神经系统联系起来。因此，在接受双语者使用认知控制来降低转换成本的假设之前，我们必须接受语言和非语言转换都是由认知控制网络负责调控的。由于双语者经常转换，因而支持转换的神经网络应该非常高效。神经网络的高效可能表现为相关大脑区域的低激活或较少参与。最常见的情况是，研究人员给出一项语言或非语言转换任务，看单语者和双语者的大脑激活是否不同。在多数情况下，研究者使用Stroop冲突任务来观察前扣带皮层（ACC）在冲突管理期间是否活跃。Stroop任务可以是语言的，也可以是非语言的，可以通过比较两种任务的大脑激活差异来了解认知处理的异同。这两种情况都会涉及前扣带皮层（Abutalebi et al.，2007；Johnston et al.，2007；Liston et al.，2006）。然而，对语言转换的解释有着各自不同的理论。Abutalebi和Green（2007）在他们的双语者语言控制认知神经模型中提出，背外侧前额叶皮层（DLPFC）控制执行功能，前扣带皮层参与抑制，尾状核参与词汇选择和目标规划。由于转换同时涉及控制和词汇选择，因而所有这些相关区域都参与到转换中。

我们经常认为所有的双语者或多或少都会转换。然而，事实并非如此，因为在不同的语言使用环境中，转换的量和性质大不相同。转换取决于双语者语言使用环境的习惯。研究人员通常不会提供有关转换量的数据。在Grosjean（2001）的语言模式概念中，转换的频率和性质取决于说话者和听话者的双语状态及模式。例如，有的双语者即使会两种语言，但在单语环境中可能倾向于使用一种语言。语言模式可能是影响转换的主要变量。在解释与双语者转换有关的脑成像数据时，应该关注这些变量。

双语者转换最重要的方面是它本质上是一种自愿机制。当双语者觉得有必要改变语言时，他们就会转换。通常，对话者会影响这些语言转换。但事实上，大量的关于双语语言转换的研究都使用了线索命名范式（Meuter et al.，1999）。当然，有人可能会认为，一些提示线索，甚至是对话者的面孔，都可以被认为是引发线索命名的因素。但是我们仍然要探索双语使用自上而下的认知控制实现语言转换的机制，以便于理解双语与认知控制的关系。使用自愿命名范式的研究数量是有限的。可以说，当被试可以自愿选择语言时，双语者面临选择的冲突。在任意两项任务中进行自愿选择，会对认知产生特定的改变，双语者在被要求自愿选择时，往往会选择他们占优势的语言。目前，关于双语者语言转换的神经基础的知识并不包括自愿语言转换，我们不知道哪种神经结构支持双语者的这种自愿转换。

4.4.3 认知控制与双语大脑

在不同任务之间流畅地转换需要认知控制。关于认知控制的结构，本章第1节已经进行了详细介绍。认知控制的不同成分由不同的大脑网络负责。关键问题是双语者和单语者在实施认知控制任务时是否使用相似或不同的大脑神经网络？此外，双语者在冲突任务中使用相同的网络来处理语言和非语言需求吗？双语者和单语者的大脑成像数据并未得出一致的结果。目前还不清楚，双语者的大脑神经网络激活水平比单语者的更高还是更低。Pliatsikas 和 Luk（2016）的研究发现，双语者和单语者在执行 Stroop 任务时均表现出类似的前扣带皮层激活，在 Simon 任务中，尾状核也参与了冲突的解决（Mohades et al.，2014）。

Luk 等（2010）使用功能磁共振成像来检测双语者和单语者在执行冲突任务时使用大脑神经网络的方式是否不同，他们使用传统的侧抑制任务来观察被试如何抑制反应。此外，他们还对能否完全抑制反应感兴趣，为此，他们在任务中添加了一个 No/Go 任务，即在不一致的实验中不要做出任何反应，理论上区分了“干扰抑制”和“反应抑制”。双语者和单语者都表现出双侧额下区域和一些皮层下区域的激活，双语者的激活区域更广，研究者认为这可能是由于双语者进行了更为广泛的语言控制训练，从而激活了更大范围的大脑神经网络来抑制反应。Olsen 等（2015）比较了终身双语者和单语者的灰质和白质体积，终身双语者的大脑比单语者的大脑显示出更多的额叶白质。此外，尽管年长的单语者的颞叶白质体积减小，但双语者的并未减少。研究者们采用 Stroop 任务进行研究，结果发现额叶体积与 Stroop 任务的表现相关。这些数据表明，终身的双语能力从根本上改变了大脑皮层的结构、执行功能。因此得出结论：正是双语给大脑带来了如此深刻的变化。这被称为“认知储备”，前面的小节已对认知储备进行过介绍，这里就不再赘述。

目前，认知神经科学家对研究静息状态的神经数据有着极大的兴趣。双语者和单语者的大脑神经网络在休息时是否存在显著差异？静息状态功能磁共振成像数据试图在没有明确任务的情况下观察大脑关键区域固有的功能连接（Biswal et al.，1995）。此研究需要考虑的一个关键问题，即经验引起的神经可塑性是否调节双语者的静息状态功能连接。一个或多个大脑区域之间的功能连接显示了它们之间的时间依赖性（Friston et al.，1995）。使用图论和其他统计方法对不同区域的连续脑图像进行分析，揭示了在任务期间大脑的某些区域是否在功能上相互连接（van den Heuvel et al.，2010）。对静息状态网络的分析可以说明大脑是如何巩固已有经验并为未来事件做准备的（Buckner et al.，2007）。

双语能力可能会显著地塑造和改变重要皮层和皮层下区域之间的长期

功能连接，这些区域负责语言和一般认知控制。随着经验增加和年龄增长，这些神经变化在单语者和双语者身上表现得尤为突出。来自 Grant 等（2014）的研究（图 4-5）显示，对于双语者来说，随着年龄的增长，额叶和顶叶区域之间的联系仍然很强；然而，对于单语者来说，这些联系会减弱，并且只依赖于额叶区域。

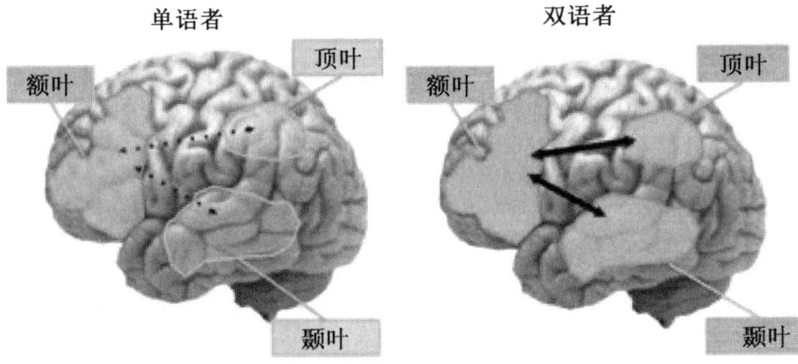

图 4-5　老化的单语者和双语者大脑（Grant et al.，2014）

因此，长期使用双语可以维持大脑的功能连接，这种影响也能在老年期发挥作用。Stocco 等（2014）进一步提出，基底神经节在加强神经区域间的功能连接方面具有关键作用。因为对于双语者来说，语言转换涉及自上而下的认知控制，前额皮质接收来自大脑其他区域的多种信号，持续的转换也丰富了大脑白质（Luk et al.，2011）。成年人的大脑结构会随着经验的增加而不断变化。例如，Erickson 等（2011）的研究表明，经过有氧训练的成人，以及经过 3 个月多语言处理训练的口译员，海马区的皮质体积发生了显著变化。然而，需要澄清的是，在神经组织微观结构层面上的任何结构变化都不一定转化为行为成就。大脑的结构变化也可能因为许多其他环境因素而发生（Lövdén et al.，2013）。还有一个需要关注的问题是，双语导致大脑的结构和功能变化是否能够长期持续，从而永久性地增强语言控制之外的认知能力。双语实践的类型（更多或更少转换）可能会导致不同的神经可塑性。语境和语言能力可能是解释双语者和单语者在神经数据上差异的关键变量（de Bruin et al.，2016）。

总体而言，大脑功能与认知功能之间没有直接联系，对结构差异的解释必须与行为表现的优势一致才具有更强的说服力，现有的证据支持这样的结论，即双语认知优势要么不存在，要么局限于非常具体但尚未确定的情况。

4.5 本章小结

双语者在进行语言加工时，两种语言词汇表征会同时被激活并相互竞争，而要解决这种竞争，认知控制必不可少。认知控制的研究包含选择性注意、冲突解决、工作记忆、认知灵活性、抑制控制等不同方面，每个方面都有其独特的研究范式。由于双语者经常要在两种语言间进行转换，这在某种程度上给双语者带来了认知优势，这种认知优势受到语言使用环境、第二语言习得时间、双语者年龄阶段等因素的影响。来自行为、ERP 和神经影像学等领域的研究在一定程度上证明了双语认知优势效应的存在，但是由于语言具有高度的复杂性，双语认知优势效应是否存在的问题还需要在行为和神经机制层面得到一致的结果才更具有说服力。

参考文献

常欣，白鹤，王沛，2017. 双语者语言切换代价的影响因素[J]. 心理科学进展，25(9)：1469-1478.

程凯文，邓颜蕙，颜红梅，2019. 第二语言学习与脑可塑性[J]. 心理科学进展，27(2)：209-220.

丁芳，2003. 儿童的执行性功能[J]. 山东教育学院学报，18(3)：7-9.

龚少英，方富熹，陈中永，2002. 双语与认知发展关系的近期研究进展[J]. 心理科学进展，1(4)：403-410.

李恒威，黄华新，2006. “第二代认知科学”的认知观[J]. 哲学研究(6)：92-99.

李红，高山，王乃弋，2004. 执行功能研究方法评述[J]. 心理科学进展，12(5)：693-705.

李美华，白学军，2005. 执行功能中认知灵活性发展的研究进展[J]. 心理学探新(2)：35-38.

李其维，2008. “认知革命”与“第二代认知科学”刍议[J]. 心理学报，40(12)：1306-1327.

齐玥，杨国春，付迪，等，2021. 认知控制发展神经科学：未来路径与布局[J]. 中国科学：生命科学，51(6)：634-646.

邱旭升,焦江丽,刘毅, 2019. 工作记忆更新任务中的认知优势效应[J]. 心理科学(4): 784-789.

王瑞明, 杨静, 李利, 2016. 第二语言学习[M]. 上海: 华东师范大学出版社.

谢枝龙, 2018. 中国汉英双语者双语优势的特征[J]. 现代外语(4): 505-516.

杨静, 2016. 双语者语言控制的神经机制[J]. 当代语言学, 18(4): 604-616.

赵宏明,董燕萍,2021. 口译员的认知转换优势[J]. 心理科学进展,29(4):625-634.

Abutalebi J, 2008. Neural aspects of second language representation and language control[J]. Acta Psychologica, 128(3): 466-478.

Abutalebi J, Green D, 2007. Bilingual language production: the neurocognition of language representation and control[J]. Journal of neurolinguistics, 20(3): 242-275.

Abutalebi J, Green D W, 2016. Neuroimaging of language control in bilinguals: neural adaptation and reserve[J]. Bilingualism: Language and Cognition, 19(4): 689-698.

Abutalebi J, Cappa S F, Perani D, 2001. The bilingual brain as revealed by functional neuroimaging[J]. Bilingualism: Language and Cognition, 4(2): 179-190.

Abutalebi J, Della Rosa P A, Ding G, et al, 2013. Language proficiency modulates the engagement of cognitive control areas in multilinguals[J]. Cortex, 49(3): 905-911.

Abutalebi J, Della Rosa P A, Green D W, et al, 2012. Bilingualism tunes the anterior cingulate cortex for conflict monitoring[J]. Cerebral Cortex, 22(9): 2076-2086.

Alladi S, Bak T H, Mekala S, et al, 2016. Impact of bilingualism on cognitive outcome after stroke[J]. Stroke, 47(1): 258-261.

Alladi S, Bak T H, Shailaja M, et al, 2017. Bilingualism delays the onset of behavioral but not aphasic forms of frontotemporal dementia[J]. Neuropsychologia, 99: 207-212.

Antón E, Duñabeitia J A, Estévez A, et al, 2014. Is there a bilingual advantage in the ANT task? Evidence from children[J]. Frontiers in Psychology, 5: 398.

Antón E, García Y F, Carreiras M, et al, 2016. Does bilingualism shape inhibitory control in the elderly? [J]. Journal of Memory and Language, 90: 147-160.

Aron A R, Behrens T E, Smith S, et al, 2007. Triangulating a cognitive control network using diffusion weighted magnetic resonance imaging (MRI) and functional MRI[J]. The Journal of Neuroscience, 27(14): 3743-3752.

Arrington C M, Logan G D, 2004. The cost of a voluntary task switch[J]. Psychological Science, 15(9): 610-615.

Beatty-Martínez A L, Navarro-Torres C A, Dussias P E, et al, 2020. Interactional context mediates the consequences of bilingualism for language and cognition[J]. Journal of Experimental Psychology: Learning Memory and Cognition, 46 (6): 1022-1047.

Bialystok E, 2016. The signal and the noise[J]. Linguistic Approaches to Bilingualism, 6(5): 517-534.

Bialystok E, Viswanathan M, 2009. Components of executive control with advantages for bilingual children in two cultures[J]. Cognition, 112(3):494-500.

Bialystok E, Craik F I, Freedman M, 2006. Bilingualism as a protection against the onset of symptoms of dementia[J]. Neuropsychologia, 45(2): 459-464.

Bialystok E, Craik F I M, Klein R, et al, 2004. Bilingualism, aging, and cognitive control: evidence from the Simon task[J]. Psychology and Aging, 19 (2):290-303.

Bialystok E, Craik F, Luk G, 2008. Cognitive control and lexical access in younger and older bilinguals[J]. Journal of Experimental Psychology: Learning, Memory, and Cognition, 34(4): 859-873.

Bialystok E, Kroll J F, Green D W, et al, 2015. Publication bias and the validity of evidence: What's the connection? [J] Psychological Science, 26(6): 944-946.

Biswal B, Yetkin F Z, Haughton V M, et al, 1995. Functional connectivity in the motor cortex of resting human brain using echo-planar MRI[J]. Magnetic Resonance in Medicine, 34(4): 537-541.

Blanco-Elorrieta E, Emmorey K, Pylkkanen L, 2018. Language switching decomposed through MEG and evidence from bimodal bilinguals[J]. Proceedings of the National Academy of Sciences of the United States of America, 115(39): 9708-9713.

Branzi F M, Della Rosa P A, Canini M, et al, 2016. Language control in bilinguals: monitoring and response selection[J]. Cerebral Cortex, 26(6): 2367-2380.

Braver T S, 2012. The variable nature of cognitive control: a dual mechanisms framework[J]. Trends in Cognitive Sciences, 16(2): 106-113.

Buckner R L, Vincent J L, 2007. Unrest at rest: default activity and spontaneous network correlations[J]. NeuroImage, 37(4): 1091-1096.

Bunge S A, Dudukovic N M, Thomason M E, et al, 2002. Immature frontal lobecontributions to cognitive control in children: evidence from fMRI[J]. Neuron, 33(2):301-311.

Cepeda N J, Kramer A F, Gonzalez de Sather J C M, 2001. Changes in executive control across the life span: Examination of task-switching performance [J]. Developmental Psychology, 37(5): 715-730.

Clark J M, 1996. Contributions of inhibitory mechanisms to unified theory in neuroscience and psychology[J]. Brain and Cognition, 30(1):127-152.

Coderre E L, Smith J F, van Heuven W J B, et al, 2016. The functional overlap of executive control and language processing in bilinguals[J]. Bilingualism Language and Cognition, 19(3):471-488.

Colzato L S, Bajo M T, van den Wildenberg W, et al, 2008, How does bilingualism improve executive control? A comparison of active and reactive inhibitionmechanisms[J]. Journal of Experimental Psychology: Learning, Memory, and Cognition, 34(2):302-312.

Conway A R A, Kane M J, Bunting M F, et al, 2005. Working memory span tasks: a methodological review and user's guide[J]. Psychonomic Bulletin and Review, 12:769-786.

Costa A, Hernández M, Costa-Faidella J, et al,2009. On the bilingual advantage in conflict processing: Now you see it, now you don't[J]. Cognition, 113(2): 135-149.

Craik F I M, Bialystok E, 2006. Cognition through the lifespan: mechanisms of change[J]. Trends in Cognitive Sciences, 10(3): 131-138.

Das T, Padakannaya P, Pugh K R, et al, 2011. Neuroimaging reveals dual routes to reading in simultaneous proficient readers of two orthographies[J]. NeuroImage, 54(2): 1476-1487.

de Bruin A, Della Sala S, 2016. The importance of language use when studying the neuroanatomical basis of bilingualism[J]. Language, Cognition and Neuroscience, 31(3): 1-5.

de Bruin A, Treccani B, Della Sala S, 2015. Cognitive advantage in bilingualism: an example of publication bias? [J]. Psychological Science, 26(1): 99-107.

Dehaene S, Dupoux E, Mehler J, et al, 1997. Anatomical variability in the cortical representation of first and second language[J]. Neuroreport, 8(17): 3809-3815.

Diamond A, 2012. Executive functions[J]. Annual Review of Psychology, 64(1): 135-168.

Diamond A, Barnett W S, Thomas J, et al, 2007. Preschool program improves cognitive control[J]. Science, 318 (5855): 1387-1388.

Donnelly S, Brooks P J, Homer B D, 2019. Is there a bilingual advantage on interference-control tasks? A multiverse meta-analysis of global reaction time and interference cost[J]. Psychonomic Bulletin and Review, 26(4): 1122-1147.

Easterbrook P J, Berlin J A, Gopalan R, et al, 1991. Publication bias in clinical research[J]. The Lancet, 337(8746):867-872.

Elchlepp H, Best M, Lavric A, et al, 2017. Shifting attention between visual dimensions as a source of the task switch cost[J]. Psychological Science, 28(4): 470-481.

Erickson K I, Voss M W, Prakash R S, et al, 2011. Exercise training increases size of hippocampus and improves memory[J]. Proceedings of the National Academy of Sciences, 108(7): 3017-3022.

Ferguson C J, Heene M, 2012. A vast graveyard of undead theories: publication bias and psychological science's aversion to the null[J]. Perspectives on Psychological Science, 7(6): 555-561.

Foster J L, Shipstead Z, Harrison T L, et al, 2015. Shortened complex span tasks can reliably measure working memory capacity[J]. Memory and Cognition, 43(2): 226-236.

Francis G, 2012. Too good to be true: publication bias in two prominent studies from experimental psychology[J]. Psychonomic Bulletin and Review, 19 (2): 151-156.

Friston K J, Holmes A P, Poline J B, et al, 1995. Analysis of fMRI time-series revisited[J]. NeuroImage, 2(1): 45-53.

Funahashi S, 2001. Neuronal mechanisms of executive control by the prefrontal cortex[J]. Neuroscience Research,39 (2): 147-165.

Glisky E L, 2007. Changes in cognitive function in human aging[M]//Riddle D R. Brain aging: models, methods, and mechanisms. Boca Raton, FL: CRC Press.

Goschke T, Dreisbach G, 2008. Conflict-triggered goal shielding: response conflicts attenuate background monitoring for prospective memory cues[J]. Psychological Science, 19(1): 25-32.

Grant A, Dennis N A, Li P, 2014. Cognitive control, cognitive reserve, and memory in the aging bilingual brain[J]. Frontiers in Psychology, 5: 1401.

Green D W, Abutalebi J, 2013. Language control in bilinguals: the adaptive control hypothesis[J]. Journal of Cognitive Psychology, 25(5): 515-530.

Grosjean F, 2001. The bilingual' s language modes[M]//Nicol J. One mind, two languages: bilingual language processing. Massachusetts: Wiley - Blackwell Press.

Grundy J G, Anderson J A E,2017. Judging the evidence for bilingualism and cognitive reserve: a commentary on Mukadam, Sommerlad, & Livingston[J]. The Winnower,2017, DOI:10. 15200/winn. 149858. 85873.

Gullifer J W, Chai X Q J, Whitford V, et al, 2018. Bilingual experience and resting-state brain connectivity: impacts of L2 age of acquisition and social diversity of language use on control networks[J]. Neuropsychologia, 117:123-134.

Hagoort P, 2003. Interplay between syntax and semantics during sentence comprehension: ERP effects of combining syntactic and semantic violations[J]. Journal of Cognitive Neuroscience, 15(6): 883-899.

Hartanto A, Yang H, 2016. Disparate bilingual experiences modulate task-switching advantages: a diffusion-model analysis of the effects of interactional context on switch costs[J]. Cognition, 150: 10-19.

Hartanto A, Yang H, 2020. The role of bilingual interactional contexts in predicting interindividual variability in executive functions: A latent variable analysis[J]. Journal of Experimental Psychology: General, 149(4): 609-633.

Hecaen H, 1972. Introduction to neuropsychology [M]. Paris: Larousse Press.

Heidlmayr K, 2015. Cognitive control processes and their neural bases in bilingualism[D]. Paris: University Paris Descartes.

Hernandez A E, 2009. Language switching in the bilingual brain: What's next? [J]. Brain and Language, 109(2-3): 133-140.

Hilchey M D, Klein R M, 2011. Are there bilingual advantages on nonlinguistic interfer-ence tasks? Implications for the plasticity of executive control processes[J]. Psychonomic Bulletin and Review, 18(4): 625-658.

Hofweber J, Marinis T, Treffers-Daller J, 2016. Effects of dense code-switching on executive control[J]. Linguistic Approaches to Bilingualism, 6(5): 648-668.

Jacques S, Zelazo P D, 2001. The flexible item selection task (FIST): a measure of executive function in preschoolers[J]. Developmental Neuropsychology, 20(3): 573-591.

Jiao L, Grundy J G, Liu C, et al, 2020. Language context modulates executive control in bilinguals: evidence from language production[J]. Neuropsychologia, 142: 107441.

Johnston K, Levin H M, Koval M J, et al, 2007. Top-down control-signal dynamics in anterior cingulate and prefrontal cortex neurons following task switching[J]. Neuron, 53(3): 453-462.

Kerns J G, Cohen J D, MacDonald A W, et al, 2004. Anterior cingulate conflict monitoring and adjustments in control[J]. Science, 303(5660): 1023-1026.

Klein R M, 2016. What cognitive processes are likely to be exercised by bilingualism and does this exercise lead to extra-linguistic cognitive benefits? [J]. Linguistic Approaches to Bilingualism, 6(5): 549-564.

Kleinman D, Gollan T H, 2016. Speaking two languages for the price of one: bypassing language control mechanisms via accessibility-driven switches[J]. Psychological Science, 27(5): 700-714.

Kousaie S, Phillips N A, 2012. Ageing and bilingualism: absence of a "bilingual advantage" in Stroop interference in a nonimmigrant sample[J]. Quarterly Journal of Experimental Psychology, 65(2): 356-369.

Lane A, Luminet O, Nave G, et al, 2016. Is there a publication bias in behavioural intranasal oxytocin research on humans? Opening the file drawer of one laboratory[J]. Journal of Neuroendocrinology, 28(4).

Leca I, 2017. Multilingualism across the lifespan and its impact on brain health in the elderly[D]. Singapove: National Vniversity Singapore.

Lenneberg E H, 1967. The biological foundations of language[M]. New York: Wiley.

Liston C, Matalon S, Hare T A, et al, 2006. Anterior cingulate and posterior parietal cortices are sensitive to dissociable forms of conflict in a task switching paradigm[J]. Neuron, 50(4): 643-653.

Lövdén M, Wenger E, Mårtensson J, et al, 2013. Structural brain plasticity in adult learning and development[J]. Neuroscience and Biobehavioral Reviews, 37(9): 2296-2310.

Lucas T H, McKhann G M, Ojemann G A, 2004. Functional separation of languages in the bilingual brain: a comparison of electrical stimulation language mapping in 25 bilingual patients and 117 monolingual control patients[J]. Journal of Neurosurgery, 101(3): 449-457.

Luk G, Anderson J A E, Craik F I M, et al, 2010. Distinct neural correlates for two types of inhibition in bilinguals: response inhibition versus interference suppression[J]. Brain and Cognition, 74(3): 347-357.

Luk G, Bialystok E, Craik F I M, et al, 2011. Lifelong bilingualism maintains white matter integrity in older adults[J]. The Journal of Neuroscience, 31(46): 16808-16813.

Luk G, Green D W, Abutalebi J, et al, 2011. Cognitive control for language switching in bilinguals: a quantitative meta-analysis of functional neuroimaging studies[J]. Language and Cognitive Processes, 27(10): 1479-1488.

Lupo M, Olivito G, Angelini L, et al, 2020. Does the cerebellar sequential theory explain spoken language impairments? A literature review[J]. Clinical Linguistics and Phonetics, 35(4): 296-309.

Mani A, Mullainathan S, Shafir E, et al, 2013. Poverty impedes cognitive function[J]. Science, 341(6149): 976-980.

Marian V, Spivey M, Hirsch J, 2003. Shared and separate systems in bilingual language processing: converging evidence fromeyetracking and brain imaging [J]. Brain and Language,86(1): 70-82.

Meuter R F I, Allport A, 1999. Bilingual language switching in naming: asymmetrical costs of language selection[J]. Journal of Memory and Language, 40 (1): 25-40.

Mishra R K, 2015. Let's not forget about language proficiency and cultural variations while linking bilingualism to executive control[J]. Bilingualism: Language and Cognition, 18(1): 39-40.

Miyake A, Friedman N P, Emerson, M J, et al, 2000, The unity anddiversity of executive functions and their contributions to complex "frontal lobe" tasks: a latent variable analysis[J]. Cognitive Psychology, 41(1):49-100.

Mohades S G, Struys E, van Schuerbeek P, et al, 2014. Age of second language acquisition affects nonverbal conflict processing in children: an fMRI study [J]. Brain and Behavior, 4(5): 626-642.

Montagnini A, Castet E, 2007. Spatiotemporal dynamics of visual attention during saccade preparation: independence and coupling between attention and movement planning[J]. Journal of Vision, 7(14): 8. 1-16.

Moreno S, Bialystok E,Wodniecka Z, et al, 2010. Conflict resolution in sentence processing by bilinguals[J]. Journal of Neurolinguistics, 23(6): 564-579.

Nigg J T, 2001. Is ADHD a disinhibitory disorder? [J]. Psychological bulletin, 127(5):571-598.

Olsen R K, Pangelinan M M, Bogulski C, et al, 2015. The effect of lifelong bilingualism on regional grey and white matter volume[J]. Brain research, 1612: 128-139.

Paap K R, Greenberg Z I, 2013. There is no coherent evidence for a bilingual advantage in executive processing[J]. Cognitive Psychology, 66(2): 232-258.

Paap K R, Darrow J, Dalibar C, et al, 2015. Effects of script similarity on bilingual advantages in executive control are likely to be negligible or null[J]. Frontiers in Psychology, 5: 1539.

Paap K R, Myuz H A, Anders R T, et al, 2017. No compelling evidence for a bilingual advantage in switching or that frequent language switching reduces switch cost[J]. Journal of Cognitive Psychology, 29(2): 89-112.

Paap K R, Sawi O M, Dalibar C, et al, 2014. The brain mechanisms underlying the cognitive benefits of bilingualism may be extraordinarily difficult to discover[J]. AIMS Neuroscience, 1(3): 245-256.

Paradis M, 2004. A neurolinguistic theory of bilingualism[M]. Amsterdam: John Benjamins Publishing.

Peal E, Lambert W E, 1962. The relation of bilingualism to intelligence[J]. Psychological Monographs, 76(27): 1-23.

Pennington B F, Ozonoff S, 1996. Executive functions and developmental psychopathology[J]. Journal of Child Psychology and Psychiatry, 37(1): 51-87.

Perani D, Abutalebi J, 2005. The neural basis of first and second language processing[J]. Current Opinion in Neurobiology, 15(2): 202-206.

Perani D, Dehaene S, Grassi F, et al, 1996. Brain processing of native and foreign languages[J]. Neuroreport, 7(15-17): 2439-2444.

Perani D, Paulesu E, Galles N S, et al, 1998. The bilingual brain. Proficiency and age of acquisition of the second language[J]. Brain: A Journal of Neurology, 121(10): 1841-1852.

Pivneva I, Palmer C, Titone D, 2012. Inhibitory control and L2 proficiency modulate bilingual language production: evidence from spontaneous monologue and dialogue[J]. Frontiers in Psychology, 3:57.

Pliatsikas C, Luk G, 2016. Executive control in bilinguals: a concise review on fMRI studies[J]. Bilingualism: Language and Cognition, 19(4): 699-705.

Rogers R D, Monsell S, 1995. Costs of a predictible switch between simple cognitive tasks[J]. Journal of Experimental Psychology, 124(2): 207-231.

Rubin O, Meiran N, 2005. On the origins of the task mixing cost in the cuing task-switching paradigm[J]. Journal of Experimental Psychology: Learning, Memory, and Cognition, 31(6): 1477-1491.

Ryskin R A, Brown-Schmidt S, Canseco-Gonzalez E, et al, 2014. Visuospatial perspective-taking in conversation and the role of bilingual experience[J]. Journal of Memory and Language, 74: 46-76.

Sanchez-Azanza V A, López-Penadés R, Buil-Legaz L, et al, 2017. Is bilingualism losing its advantage? A bibliometric approach [J]. PloS One, 12 (4): e0176151.

Seo R, Stocco A, Prat C S, 2018. The bilingual language network: differential involvement of anterior cingulate, basal ganglia and prefrontal cortex in preparation, monitoring, and execution[J]. NeuroImage, 174: 44-56.

Silveri M C, Leggio M G, Molinari M, 1994. The cerebellum contributes to linguistic production: a case of agrammatism of speech following right hemicerebellar lesion[J]. Neurology, 44(11): 2047-2050.

Singh J P, Mishra R K, 2016. Effect of bilingualism on anticipatory oculomotor control[J]. International Journal of Bilingualism, 20(5): 550-562.

Singh N, Mishra R K, 2012. Does language proficiency modulate oculomotor control? Evidence from Hindi-English bilinguals[J]. Bilingualism: Language and Cognition, 15(4): 771-781.

Singh N, Mishra R K, 2013. Second language proficiency modulates conflict-monitoring in an oculomotor Stroop task: evidence from Hindi-English bilinguals [J]. Frontiers in Psychology, 4: 322.

Singh N, Mishra R K, 2015. The modulatory role of second language proficiency on performance monitoring: evidence from a saccadic countermanding task in high and low proficient bilinguals[J]. Frontiers in Psychology, 5: 1481.

Smith E E, Jonides J, 1999. Storage and executive processes in the frontal lobes[J]. Science,283(5408):1657-1661.

Stocco A,Yamasaki B, Natalenko R, et al, 2014. Bilingual brain training: a neurobiological framework of how bilingual experience improves executive function [J]. International Journal of Bilingualism, 18(1): 67-92.

Struys E, Woumans E, Nour S, et al, 2019. A domain-general monitoring account of language switching in recognition tasks: evidence for adaptive control [J]. Bilingualism: Language and Cognition, 22(3): 606-623.

Sun X,Li L, Ding G S, et al, 2019. Effects of language proficiency on cognitive control: evidence from resting-state functional connectivity[J]. Neuropsychologia, 129: 263-275.

Timmer K, Christoffels I K, Costa A, 2019. On the flexibility of bilingual language control: the effect of language context[J]. Bilingualism: Language and Cognition, 22(3): 555-568.

Valian V, 2015. Bilingualism and cognition[J]. Bilingualism: Language and Cognition, 18(1): 3-24.

van den Heuvel M P, Hulshoft Pol H E, 2010. Exploring the brain network: a review on resting-state fMRI functional connectivity[J]. European Neuropsychopharmacology, 20(8): 519-534.

van Zoest W, Donk M, 2010. Awareness of the saccade goal in oculomotor selection: your eyes go before you know[J]. Consciousness and Cognition, 19(4): 861-871.

von Bastian C C, Souza A S, Gade M, 2016. No evidence for bilingual cognitive advantages: a test of four hypotheses[J]. Journal of Experimental Psychology: General, 145(2): 246-258.

Xu M, Baldauf D, Chang C Q, et al, 2017. Distinct distributed patterns of neural activity are associated with two languages in the bilingual brain[J]. Science Advances, 3(7): e1603309.

Yang Y, Miskovich T A, Larson C L, 2018. State anxiety impairs proactive but enhances reactive control[J]. Frontiers in Psychology, 9: 2570.

Zelazo P D, Qu L, Müller U, 2005. Hot and cool aspects of executive function: Relations in earlydevelopment[M]//Schneider W, Schumann-Hengsteler R, Sodian B. Young children's cognitivedevelopment: interrelationships among executive functioning,working memory, verbal ability, and theory of mind. Psychology Press:71-93.

5 双语者的注意

前一章围绕双语认知控制主题展开了详细论述，其中，执行注意力已经成为理解双语语言控制的一个关键概念。双语在认知方面的速度优势似乎只有在需要高度注意力参与的任务条件下才得以显现，这就需要更多的注意资源来对认知活动进行调节监测。本章主要讨论的问题不是双语者如何抑制非目标语言，而是关注双语者如何选择目标语言，即双语者在注意力方面是否表现出优势。

5.1 语言中的注意力

5.1.1 语言与注意力的关系

语言与注意力的研究数量在认知心理学、心理语言学、认知科学、语言障碍学及心理哲学等学科中都呈上升趋势。在认知过程中，语言和注意力以不同的方式相互影响，但如何相互影响尚不清楚，只有在记忆、注意力和动机等重要的认知过程之间保持协调，才有可能实现轻松的语言表达。来自一系列语言和认知现象的最新证据表明，注意机制影响人类处理语言的方式（Kurland，2011；Mishra，2014），注意力缺陷通常会导致语言发展的延迟（Ebert et al.，2011），语言结构本身似乎反映了人类注意机制的各个方面（Ibbotson et al.，2013）。

注意是认知的重要调节器，在语言的互动中发挥重要作用，虽然在用不同的语言进行互动的过程中注意会表现出不同的参与特点，但研究者似乎有一个广泛的共识，即注意影响了大部分语言处理（Gong et al.，2012）。

许多人认为“注意”在任何认知过程中都是无处不在的，因此，没有必要对注意与其他认知过程的相互作用提出单独的理论。事实上，在心理语言学和认知科学领域，长期以来一直有研究者认为语言加工不受其他加工的影响，是封闭的模块（Fodor，1983）。

乔姆斯基（1965）在他所著的《句法理论的若干问题》一书中写道：“在完全同质的语言群体中，理想的说话者和听话者完全了解自己的语言，并且不受语法上无关条件的影响，如记忆限制、注意力和兴趣的转移，以及其他一些临时发生的错误。”这导致一种默认的假设，即语言的一些核心句法处理可以在没有注意控制的情况下发生，就像反射一样（Pulvermüller et al.，2008）。然而，在语言处理的其他领域，如图片命名（Roelofs，2007）或句子生成（Myachykov et al.，2011）需要注意的参与，听口语会导致注意力状态的变化，促使眼球朝着与口语表达的意思非常相似的物体移动（Mishra，2013）。探索注意机制如何参与语言处理，以及语言如何反过来影响注意策略，有助于明晰语言与注意关系的理论框架。

5.1.2 第二语言学习中的注意

从广义上讲，注意也是执行系统的一部分，这一点在上一章认知控制的结构中已有过阐述。对双语认知的研究也发现，双语者比单语者更容易表现出注意优势，因为他们必须不断处理跨语言激活。然而，这种情况只能在那些早期双语者身上看到，或是在那些晚期熟练双语者身上看到。此外，必须指出的是，为了使执行功能得到锻炼，双语者应不断参与双语对话，并生活在双语使用环境中。第二语言学习领域的研究表明，注意力是发展流利性和掌握第二语言的关键因素。学习一门外语似乎取决于注意资源，同时注意资源也会影响记忆的提取，这些发现有利于在更大的背景下理解个体的差异问题。

第二语言的学习是否需要注意？乔姆斯基认为，孩子的语言能力是在无意识的状态下成熟的，因此不需要集中注意力或学习（Chomsky，1988）。语言学习是由生物学触发的，因此不需要任何自愿的努力。虽然这一假设在一定程度上适用于母语的发展，但对于第二语言或外语来说却不尽相同。

对于第二语言学习者来说，培养良好的第二语言表达能力是一个非常重要的方面。当第二语言学习者注意到他们的错误时，就有助于他们整体语言能力的提升（Swain et al.，1995）。注意的定向、选择性注意、注意的分离，可以在指导学习过程中产生影响（Tomlin et al.，1994）。如果学习者在语言的吸收过程中注意语言的特点，并再次注意语言的产出，那么错误就很有可能被最小化，语言的流利性也会提高。需要注意的是，在这种情况下，注意力并不是作为一个有限的资源过程，而是作为一个有助于选择和维护所学信息的系统。正如施密特所说，学习者在学习第二语言时必须有意识，当注意力意识到语言产生错误时，就会促进学习（Aljaafreh et al.，1994）。

即使在母语学习期间，婴儿似乎也会有选择地注意视觉和语言提示（Lewkowicz et al.，2012）。婴儿将注意力转向说话者并直接凝视，这种对说话者嘴的选择性注意有助于婴儿将所说的话与说话的经验结合起来。同样，当第二语言学习者学习一种语音系统与母语有较大差异的语言时，如说英语的人学习韩语时，他们似乎会注意教学者的脸，并注意声音是如何产生的。这种模仿有助于必要的视听整合，这对学习语言很重要。除此之外，语言结构的注意力和记忆等一般执行过程影响第二语言学习者的系统（Engel et al.，2012），当第二语言学习者接受有关语言各个方面的强化培训时，他们自动发现错误的能力就会增强（White et al.，2012）。这表明，在学习第二语言的过程中，选择性注意有助于提高语言使用的自动化能力，因此，注意是影响第二语言学习的重要因素。

我们已经知道，语言有一种内在的机制来将注意力引向自身，第二语言学习者在日常会话中关注语言的要素显得尤为重要。在学习语言的最初阶段，人们对基本结构要素的关注度通常较高，但随着语言水平的提高，人们对语篇要素的关注度随之提高。理解第二语言的过程中，自我监控有助于获得这些关键要素（O′Malley et al.，1989），因此，第二语言学习者的注意机制随时间变化而变化，并与语言的流利度呈线性关系，这也证明了双语流利度与注意控制相关。观察第二语言初学者和熟练者可以发现，内隐和外显的注意形式之间似乎存在着复杂的相互作用。对于第二语言学习者来说，外显注意有助于掌握新事物并保持记忆，外显注意经过大量使用后，这种注意控制形式转变为更具目标导向性和内隐的控制形式。

5.2 注意与眼动

心理语言学家已经证明语言输入影响注意力转移，眼球运动是这种内外注意力转移的关键指标。例如，当我们听到“苹果”这个词时，眼睛会朝着果篮移动，这种眼球运动是自动的，眼球运动对视觉和语言环境都很敏感。大多数研究人员研究基本的眼球运动，如扫视、注视，以及在某些特定情况下的微扫视。如今，许多不同类型的眼睛跟踪器广泛应用于研究人类的认知功能的活动中。

视觉场景中的眼动模式可以帮助研究者明确感知者的认知目标。Yarbus（1967）的早期研究发现被试通常会根据他们的目标环顾周围。Yarbus 要求被试在一幅画中搜索特定的信息，被试每次都会发现不同的扫描路径（眼睛的连续运动），扫描路径即确定目标时计划采取的“路线”，眼球运动在很大程度上反映了目标驱动感知者的认知计划。在认知任务中测量眼球运动可以告诉我们被试的某些“认知计划”，即使他们自己可能不知道这些运动。眼球运动在大多数情况下是无意识的，被试并不总记得他们在看什么，一旦确定眼球运动反映了认知加工的轨迹，就有必要利用它们来理解在不同的语境中注意力是如何与语言加工相互作用的。

在探索许多认知任务（如阅读、口语、听力和情景感知）时，使用眼动指标可以揭示注意的机制（Rayner，2009；Mishra，2009）。眼动追踪技术易于测量被试的眼球运动变化轨迹，可以在各种现实生活和实验环境中，甚至可以在婴儿和精神障碍患者身上使用。眼球运动到一个位置后，往往会将注意力转移到该位置，有研究者认为，当一个人偷偷转移注意力，不立即做眼球运动时，就如同做了一次未执行的扫视（Rizzolatti et al.，1994），这意味着一个人可以选择一个目标，但不看目标。虽然这一观点没有得到大多数学者的认同，但是这个想法对于那些在研究中使用眼球运动来测量“注意力”转移的研究人员来说却是一个值得注意的问题。

眼球运动和注意力转移可以是独立的系统，至少在功能上如此（Klein，1980），该观点认为注意力转移和眼球运动产生的原因不同，因此不应视为相同的机制。然而，其他理论研究者认为，眼球运动不过是注意力明显转移的反映，人们必须将它们视为同一个系统。神经影像学研究发现，负责眼球运动和注意力转移的神经结构之间存在明显重叠（Corbetta，1998）。

这里有一个重要的问题，即对一个物体或特殊位置扫视，是否需要事先转移注意力。迄今为止，Hoffman 和 Subramanium（1995）的一项实验最有力地证明了视觉空间注意和眼动产生之间的因果关系。研究人员要求被试对一个指定位置进行扫视，同时要求他们在实际眼球运动之前搜索视觉目标，当程序化扫视的位置与目标的位置相同时，被试能更快、更准确地搜索到目标。这一结果表明，被试在扫视过程中使用视觉空间注意。进一步的实验表明，当把注意力转移到一个方向时，眼睛移向另一个方向几乎是不可能的。

Shepherd 等（1986）试图分别操纵注意力转移和眼球运动，要求被试对周围目标进行扫视，同时中心显示的箭头指示可能的目标位置。众所周知，中心显示的箭头会导致注意力自动向箭头方向转移，并指示目标可能出现的方向。如果周边目标出现在箭头方向，被试的正确眼动速度会更快。实验结果表明，准备向某个位置扫视会显著缩短对该位置目标的扫视反应时间。如果目标出现在其他地方，则扫视反应时间可能会变长。因此，这一证据可能表明眼球运动代表注意力的转移，这种注意力的转移先于眼球运动。

注意力和眼球运动似乎有着密切的联系，人们可以用神经生理学和行为学的方法来研究它们。在对灵长类动物进行的一项重要研究中，Moore 和 Fallah（2001）刺激灵长类动物的额叶视野神经元，同时要求这些灵长类动物对视觉呈现的目标进行眼球运动。有人观察到，刺激这些动眼神经细胞也引起了空间注意的转移。当物体在受刺激的动眼神经感受野范围内，灵长类动物能更快地发现物体。动眼神经细胞在视觉目标选择中直接作用的进一步证据来自对灵长类动物的研究，对灵长类动物的研究已经证明，上丘神经元在扫视产生中起着重要作用，对上丘神经元的微刺激可以直接调节目标的扫视过程。Carello 和 Krauzlis（2004）训练猴子根据颜色辨别选择的视觉目标并进行扫视。这种训练设计新颖，因为灵长类动物可根据颜色特征选择下一个扫视目标，实验设计操纵了实验动物的意图。微刺激上丘神经元可加快选择合适靶点的速度，缩短反应时间。

这些数据表明，眼跳必然导致注意力转移，眼球运动不能在没有注意到某个位置的情况下进行，然而，注意力可以在没有眼球运动的情况下转移。当然，这源于有影响力的运动前理论，该理论认为隐蔽的空间注意是动眼神经程序的副产品。空间注意的隐蔽定向可以在不激活动眼神经的情况下独立进行（Klein，1980）。

5.3 双语与注意

5.3.1 双语者的选择性注意

注意力可以帮助我们选择对当前目标最重要的刺激，并过滤掉其他刺激，同时，空间注意也使我们能够在空间中定位，搜索新的物体和位置（Posner，1980），注意焦点及其调节增强了知觉能力和对客观世界的认知。注意的时间和空间特性对理解许多复杂的认知功能非常有帮助（Klein，2000）。迈克尔·波斯纳（Michael Posner）首先利用线索任务证明了注意运动的机制及其各个组成部分（Posner，1980）。注意可以完成时间或空间的定向，并影响行为反应，在经典的线索任务中，可以通过外部提示或内部选择确定注意位置，当目标出现在注意位置范围内，该目标会被较快地识别。然而，当目标在一段延迟（如 300 ms）之后出现，这种处理优势转化为认知成本，这被称为返回抑制（IOR）。Klein（2000）提出，注意力的本质是四处搜寻，以便识别新的刺激信息。在当代关于意识的讨论中，许多理论家将注意力作为解释意识的关键机制（Cohen et al.，2012）。此外，注意力可以根据自上而下的目标而扩大和缩小（Theeuwes，2010）。

Posner 分析的核心是注意力投入和脱离的机制，除非任务太难或任务要求太多，否则注意力不会在任何地方停留太长时间。即使一些刺激以自下而上的方式吸引了我们的注意力，我们也可以使用控制将注意力内源性地转移到新的感兴趣的物体或位置上，因此，对感兴趣对象的注意选择受到自上而下的控制。Chun 等（2011）使用“内部”和“外部”注意力作为标签来暗示这些内源性和外源性的注意力形式。当人们希望专注于某些刺激时，他们能够以自上而下的方式将注意力分配到任何刺激上。因此，以目标驱动的方式选择性地分配注意力是在认知控制下进行的。那么，双语者的注意力形式是自上而下的还是自下而上的？在这个问题上存在相互矛盾的观点。

注意的基本功能之一是帮助人们筛选外部信息，注意会过滤掉一些东西，否则大量的信息会让人们感到困惑，分散人们对目标的注意力。多年来，人们一直在争论注意力是否会过滤掉这些在加工过程中分散注意力的因素？布罗德本特认为注意力会过滤任何不符合当前目标的信息，如果注意力一次只专注于一个物体或一个位置，这表明注意力的能力有限。例如，当两个刺激快速连续呈现时，第二个刺激通常处理得很差，这被称为注意力眨眼（Shapiro et al.，1994）。注意力必须从第一个刺激中解脱出来，才能处理第二个刺激，尽管一些研究人员提出，注意力可能并不那么有限（Olivers et al.，2005）。也有研究得出类似的结果，多目标跟踪的研究表明，被试可以跟踪在其视觉空间中移动的许多目标（Pylyshyn et al.，1988）。但是，更多的学者会愿意接受人类的选择性注意资源有限的观点。人类虽然可以将自己的注意力分散在不同物体上，同时处理很多注意对象，如边骑自行车边听音乐，但是若想对某一物体进行更生动和细致的信息加工，人们就会将选择注意力聚焦在某一物体上，而忽略其他物体。

Norman 和 Shallice（1986）指出，“人们为研究注意力在知觉中的作用方面做了很多努力，但对注意力在控制行动中所起作用的研究要少得多。”在双语的背景下，我们仍然不知道双语实践如何差异性地调节控制行为和自动行为。熟练双语者的大脑是否会形成自动化的动作选择和控制系统，以达到语言选择或避免分心的目的，因为对于专家来说，大多数动作似乎变得毫不费力，也不会消耗太多注意力（Bruya，2010）。

Hommel（2001）指出，“注意不仅从属于动作控制过程，还可能帮助解决动作控制过程”。根据他的说法，注意力在执行动作时是非常有必要的，注意力有助于个体有意识地选择自己必须执行的动作。Green（1998）提出的模型提到了双语者第二语言词汇的选择机制是抑制非目标语言，该模型没有任何选择性注意的成分。如果双语者不断抑制目标不恰当的反应，为什么他们会有更好的选择性注意？双语家庭长大的孩子在提到相同的事件、对象或概念时，通常会接触到不同的语言信息。因此，双语者可以接触到具有相同含义的不同语言形式。双语者还可以根据不同的交谈对象进行两种语言的转换，因此，双语者在听别人说话时经常需要区分两种不同的语言系统，并在语言产生过程中选择目标语言。在共同激活的语境中，选择性注意也提供了对语言选择的描述。一些解释认为非目标语言被抑制是为了避免干扰（Green，1998），但这样的解释不能解释来自同源词的促进作用。因此，Costa 等（2006）提出了一个包含选择和抑制的混合解释，其中的中心过程是选择性注意。

早在 1992 年 Bialystok 就提出，与单语儿童相比，双语儿童的选择性注意增强（Bialystok，1992）。Bialystok 和 Martin（2004）使用维度卡片分类任务，发现双语儿童在认知灵活性方面的表现更好。与单语儿童相比，双语儿童可以更灵活地将他们的选择性注意力集中在目标刺激上。

视觉搜索任务可以更直接地衡量注意力的不同成分。例如，简单的视觉搜索任务可以探索注意是串行还是并行分配（Wolfe，1994）。有研究采用视觉搜索任务检验双语者的选择性注意能力，实验以搜索类型（特征或联合）及分心物的数量为自变量，要求被试通过确定目标形状是否存在于分心物中来执行视觉搜索任务。在特征搜索中，目标（如绿色三角形）与干扰物（如黄色三角形）在单一维度（如颜色）上不同；在联合搜索中，两种类型的干扰物（如粉色圆圈和绿色正方形）各有一个维度（如颜色或形状）与目标（如绿色圆圈）相同。结果发现，在特征搜索中，当目标与干扰物的辨别度较高且干扰物较少时，被试识别目标的速度更快。该研究的另一个重要的发现是，尽管单语者和双语者在特征搜索上的表现相当，但双语者在更困难的联合搜索中识别目标的速度明显快于单语者，这为双语者具有更好的视觉注意提供了证据。

Chung-Fat-Yim 等（2017）研究了双语者和单语者在模棱两可的图形绘制任务上是否存在差异。他们认为，尽管许多研究人员已经使用了 Miyake 等（2000）提出的框架，即认知控制包含认知灵活性、抑制控制和工作记忆，但上一章已经阐明，认知控制的确切概念及哪些任务衡量认知控制还有待于进一步研究。选择性注意被定义为个体专注于一项目标任务而忽略非目标的能力，这是有助于防止双语者感觉信息过载的一种认知处理方式。双语者在日常的双语交流过程中，必须保持两种语言处于活跃的状态，即他们在说一种语言时另外一种语言也处于激活状态，他们可以保持对两种不同刺激的注意，并根据需要在两种刺激之间灵活转换，所以，双语者应该在选择性注意能力方面表现出优势。

Chung-Fat-Yim 等（2017）选择成年双语者为被试，实验任务采用模棱两可的数字任务。这些卡片由清晰目标（卡片 1）逐渐变化为另一个清晰目标（卡片 11），卡片 6 是一个模棱两可的数字，它位于两个清晰目标的中间。主试向被试依次展示卡片，并要求被试用最少的卡片数预测中间模糊图片。每一张卡片都会一直显示在屏幕上，如果无法正确命名则在第 11 张卡片之后终止。实验结果表明，双语者比单语者更有效率地完成这项任务，双语者识别第二张卡片所需的线索更少，表明双语者可以在脑海中保持两种解释，从而能够有效地追踪原始图像何时转变为其他图像。在图形模糊的情况下，注意力在图形背景加工中起着关键作用（Brugger，1999）。这一发现为双语者与单语者在选择性注意方面的差异表现提供了证据。

从选择性注意角度解释单语者和双语者处理差异的机制，与对婴儿的研究结果非常吻合。8 个月大的双语婴儿比只接触一种语言的婴儿更有能力根据视觉线索预测说话者从一种语言转换到另一种语言的时间。此外，对更小婴儿被试的研究也发现，有双语经验的前言语阶段的婴儿会表现出对说话人嘴部的注意偏向，可见，这是一种促进语言习得的策略。这些研究证明，在出生的第一年，双语环境中长大的婴儿与在单语环境中长大的婴儿具有不同的注意资源分配特点。

在另一项使用双耳分听任务的研究中，当要求被试注意一只耳朵，而忽略另一只耳朵的输入时，双语者比单语者识别出更多的音节（Soveri et al.，2011）。这些研究支持双语者在注意力分散的情况下比单语者更有效地处理与任务相关的信息的说法。

前述关于双语认知优势的研究采用了认知灵活性、抑制控制和工作记忆来对认知控制进行评估，结果并未达成一致，可能是因为这些成分并没有定义单语和双语认知之间的关键差异。注意的研究为解释双语认知优势提供了新的角度，即双语并非一定表现出较强的抑制非目标语言，也有可能是在选择目标语言方面的能力更为突出。这种能力类似于双语者正在面临的语言挑战，即有选择地关注目标语言，专注于正确的词汇结构，并在必要时脱离接触，这也预示着双语者可能具备较强的注意分离能力。

5.3.2 双语者的注意分离

当交流环境中有多种语言的会话者时，双语者应该知道如何更快地将注意从前一位说话者身上脱离，同时更快地将注意力转移到相关的会话者身上。Mishra 等（2012）使用波斯纳提示任务（Posner's cueing task）考察了注意脱离，所做的具体实验内容如下：首先出现一个非常简短的外周提示，然后紧接着出现目标刺激，有时提示能预测目标的位置，有时则不能，实验要求被试辨别目标，而不是基于提示来期待它的出现。结果发现，如果目标在线索发出后足够快的时间内（在 100 ms 内）出现在同一位置，那么反应就会更快，但是，如果目标在延迟一段时间后（250 ms 或更晚）才出现，则被试的反应开始变慢。这种迟缓被称为返回抑制（IOR）（Klein，

2000）。然而，这项任务也揭示了这样一个事实，即注意力在短暂的投入后很快就会从某个地点脱离出来，这个“定向—结合—解脱”循环往复进行。Klein（2000）的研究也提到这一点，他基于进化的角度指出人类在觅食时需要随时观测环境中新的信息，因此，注意力总是动态的。这种注意力的分离可以是自上而下的，我们可以故意将注意力从一个地方转移到另一个地方。Mishra 等（2012）认为，第二语言熟练度较高的双语者应该比较低水平的双语者可以更快地将注意力从物体上转移开，即双语者表现出更快的注意分离。

Colzato 等（2008）通过停止信号任务（Go/NoGo）、返回抑制（IOR）和注意瞬脱任务（AB）展开研究，结果发现，双语者在主动抑制方面与单语者没有差异，但双语者在维持目标方面的能力更高，这种能力可能间接促进双语者对干扰信息的抑制。Khare 等（2013）也发现高熟练度的双语者在 AB 任务上与低熟练度的双语者不同。

Grundy 等（2020）通过记录脑电图的方法采用返回抑制（IOR）范式，检测与注意力脱离相关的年轻成年人的神经生理变化，由于被试来自不同的语言社区，他们的双语经历差异很大。根据语言水平将样本分成两组并不会导致可靠的组间差异。但是研究发现，在整个样本中使用连续的双语测量表明，更多的双语经验和熟练度较高的双语个体表现出更大和更早的 IOR 效应。

总体而言，众多研究者发现了双语者在选择注意和注意分离方面的优势，与此同时，也有一些研究得出了相反的结论。注意本身不是一个单一的系统，而是由多个子系统组成的，研究者需要更多地从理论范畴建构注意的系统或者认知控制的系统。

5.4 本章小结

本章尝试从注意的角度解释双语者语言控制的机制。研究者通过众多实证研究，尝试证明双语者具有一定的执行注意能力优势，这一视角扩大了双语认知研究的思路，突破了传统抑制控制视角对语言控制机制的解释。眼动技术是研究注意的有效手段，该技术可以为双语与注意的研究提供更多客观指标。

参考文献

Aljaafreh A, Lantolf J P, 1994. Negative feedback as regulation and second language learning in the zone of proximal development[J]. The Modern Language Journal, 78(4): 465-483.

Bruya B, 2010. Effortless attention: a new perspective in the cognitive science of attention and action[M]. Boston, MA: MIT Press.

Bialystok E, 1992. Attentional control in children's metalinguistic performance and measures of field independence[J]. Developmental Psychology, 28(4): 654-664.

Bialystok E, Martin M M, 2004. Attention and inhibition in bilingual children: evidence from the dimensional change card sort task[J]. Developmental Science, 7(3): 325-339.

Brugger P, 1999. One hundred years of an ambiguous figure: happy birthday, duck/rabbit[J]. Perceptual and Motor Skills, 89(3 Pt 1): 973-977.

Carello C D, Krauzlis R J, 2004. Manipulating intent: evidence for a causal role of the superior colliculus in target selection[J]. Neuron, 43(4): 575-583.

Corbetta M, 1998. Frontoparietal cortical networks for directing attention and the eye to visual locations: identical, independent, or overlapping neural systems? [J]. Proceedings of the National Academy of Sciences of the United States of America, 95(3): 831-838.

Chomsky N, 1965. Aspects of the theory of syntax[M]. Cambridge: The MIT Press.

Chomsky N, 1988. Language and problems of knowledge: the Managua lectures[M]. Cambridge: The MIT press.

Cohen M A, Cavanagh P, Chun M M, et al, 2012. The attentional requirements of consciousness[J]. Trends in Cognitive Sciences, 16(8): 411-417.

Chun M M, Golomb J D, Turk-Browne N B, 2011. A taxonomy of external and internal attention[J]. Annual Review of Psychology, 62: 73-101.

Chung-Fat-Yim A, Sorge G B, Bialystok E, 2017. The relationship between bilingualism and selective attention in young adults: evidence from an ambiguous figures task[J]. The Quarterly Journal of Experimental Psychology, 70(3): 366-372.

Colzato L S, Bajo M T, van den Wildenberg W, et al,2008. How does bilingualism improve executive control? A comparison of active and reactive inhibition mechanisms[J]. Journal of Experimental Psychology: Learning, Memory, and Cognition, 34(2): 302-312.

Costa A, Santesteban M, Ivanova I, 2006. How do highly proficient bilinguals control their lexicalization process? Inhibitory and language-specific selection mechanisms are both functional[J]. Journal of Experimental Psychology: Learning, Memory, and Cognition, 32(5): 1057-1074.

Engel de Abreu P M J, Gathercole S E, 2012. Executive and phonological processes in second-language acquisition[J]. Journal of Educational Psychology, 104(4): 974-986.

Ebert K D, Kohnert K. 2011. Sustained attention in children with primary language impairment: a meta-analysis[J]. Journal of Speech, Language, and Hearing Research, 54(5):1372-1384.

Fodor J, 1983. The modularity of mind: an essay on faculty psychology[M]. Cambridge: The MIT Press.

Green D W, 1998. Mental control of the bilingual lexico-semantic system [J]. Bilingualism: Language and Cognition, 1(2): 67-81.

Gong T, Shuai L, 2012. Modelling the coevolution of joint attention and language[J]. Proceedings: Biological Sciences, 279(1747):4643-4651.

Grundy J G, Pavlenko E, Bialystok E, 2020. Bilingualism modifies disengagement of attention networks across the scalp: a multivariate erp investigation of the ior paradigm[J]. Journal of Neurolinguistics, 56:100933.

Hoffman J E, Subramanium B, 1995. The role of visual attention in saccadic eye movements[J]. Perception and Psychophysics, 57(6): 787-795.

Hommel B, Pratt J, Colzato L, et al, 2001. Symbolic control of visual attention[J]. Psychological Science, 12(5): 360-365.

Ibbotson P, Lieven E V M, Tomasello M, 2013. The attention-grammar interface: eye-gaze cues structural choice in children and adults[J]. Cognitive Linguistics, 24(3): 457-481.

Klein R M,2000. Inhibition of return[J]. Trends in Cognitive Sciences, 4(4): 138-147.

Klein R,1980. Does oculomotor readiness mediate cognitive control of visual attention? [M/OL]//NJ: Lawrence Erlbaum Associates: 259-276[2022-1-20]. https://xueshu.baidu.com/usercenter/paper/show? paperid=405c75b80b41cd0e5959950f3a20b658&site=xueshu_se&hitarticle=1

Kurland J, 2011. The role that attention plays in language processing[J]. Perspectives on Neurophysiology and Neurogenic Speech and Language Disorders, 21(2): 47-54.

Khare V, Verma A, Kar B, et al, 2013. Bilingualism and the increased attentional blink effect: evidence that the difference between bilinguals and monolinguals generalizes to different levels of second language proficiency[J]. Psychological Research, 77(6): 728-737.

Lewkowicz D J, Hansen-Tift A M, 2012. Infants deploy selective attention to the mouth of a talking face when learning speech[J]. Proceedings of the National Academy of Sciences, 109(5): 1431-1436.

Mishra R K, 2013. Attention in sentence processing: a review[J]. Psychological Studies, 58(3): 308-317.

Mishra R K, 2014. Listening through the native tongue: a review essay on Cutler's Native listening: Language experience and the recognition of spoken words[J]. Philosophical Psychology, 28(7): 1-15.

Mishra R K, 2009. Interaction of language and visual attention: evidence from production and comprehension[J]. Progress in Brain Research,176: 277-292.

Mishra R K, Hilchey M D, Singh N, et al, 2012. On the time course of exogenous cueing effects in bilinguals: higher proficiency in a second language is associated with more rapid endogenous disengagement[J]. Quarterly Journal of Experimental Psychology, 65(8): 1502-1510.

Miyake A, Friedman N P, Emerson M J,et al,2000. The unity anddiversity of executive functions and their contributions to complex "frontal lobe" tasks: a latent variable analysis[J]. Cognitive Psychology, 41(1):49-100.

Moore T, Fallah M, 2001. Control of eye movements and spatial attention [J]. Proceedings of the National Academy of Sciences of the United States of America, 98(3): 1273-1276.

Myachykov A, Thompson D, Scheepers C, et al, 2011. Visual attention and structural choice in sentence production across languages[J]. Language and Linguistics Compass, 5(2): 95-107.

Norman D A, Shallice T, 1986. Attention to action[M]//Davidson R J, Schwartz G E, Shapiro D. Consciousness and self-regulation. New York, NY: Springer US:1-18.

O'Malley J M,Chamot A U, Küpper L, 1989. Listening comprehension strategies in second language acquisition[J]. Applied Linguistics, 10(4): 418-437.

Olivers C N L, Nieuwenhuis S, 2005. The beneficial effect of concurrent task-irrelevant mental activity on temporal attention[J]. Psychological Science, 16(4): 265-269.

Pulvermüller F, Shtyrov Y, Hasting A S,et al, 2008. Syntax as a reflex: neurophysiological evidence for early automaticity of grammatical processing[J]. Brain and Language, 104(3): 244-253.

Posner M I, 1980. Orienting of attention[J]. The Quarterly Journal of Experimental Psychology, 32(1):3-25.

Pylyshyn Z W, Storm R W, 1988. Tracking multiple independent targets: evidence for a parallel tracking mechanism[J]. Spatial Vision, 3(3): 179-197.

Roelofs A, 2007. Attention and gaze control in picture naming, word rea-ding, and word categorizing[J]. Journal of Memory and Language, 57(2): 232-251.

Rayner K, 1998. Eye movements in reading and information processing: 20 years of research[J]. Psychological Bulletin, 124(3): 372-422.

Rayner K, 2009. Eye movements and attention in reading, scene perception, and visual search[J]. The Quarterly Journal of Experimental Psychology, 62(8): 1457-1506.

Rizzolatti G, Riggio L, Sheliga B M, 1994. Space and selective attention[M]// Umilta C, Moscovitch M. Attention and performance XV. Cambridge, MA: MIT Press:231-265.

Swain M, Lapkin S, 1995. Problems in output and the cognitive processes they generate: a step towards second language learning[J]. Applied Linguistics, 16(3): 371-391.

Shepherd M, Findlay J M, Hockey R J, 1986. The relationship between eye movements and spatial attention[J]. The Quarterly Journal of Experimental Psychology, 38(3): 475-491.

Shapiro K L, Raymond J E, Arnell K M, 1994. Attention to visual pattern information produces the attentional blink in rapid serial visual presentation[J]. Journal of Experimental Psychology: Human Perception and Performance, 20(2): 357-371.

Soveri A, Laine M, Hämäläinen H, et al, 2011. Bilingual advantage in attentional control: evidence from the forced-attention dichotic listening paradigm [J]. Bilingualism: Language and Cognition, 14(3): 371-378.

Singh N, Mishra R K, 2012. Does language proficiency modulate oculomotor control? Evidence from Hindi-English bilinguals[J]. Bilingualism: Language and Cognition, 15(4): 771-781.

Tomlin R S, Villa V, 1994. Attention in cognitive science and second language acquisition[J]. Studies in Second Language Acquisition, 16(2): 183-203.

Theeuwes J, 2010. Top-down and bottom-up control of visual selection[J]. Acta Psychologica, 135(2): 77-99.

Wolfe J M, 1994. Guided search 2.0 A revised model of visual search[J]. Psychonomic Bulletin and Review, 1(2): 202-238.

White E J, Genesee F, Steinhauer K, 2012. Brain Responses before and after intensive second language learning: proficiency based changes and first language background effects in adult learners[J]. PloS One, 7(12):e52318.

Yang J, Li P, 2012. Brain networks of explicit and implicit learning[J]. PloS One, 7(8): e42993.

Yarbus L, 1967. Eye movements and vision[M]. New York: Plenum Press.

6 总结与展望

第二语言习得和使用作为一种语言现象和社会文化现象一直都是学者们研究的热点。第二语言相关研究汇集了心理学、语言学、认识神经科学、生理学等多学科的知识和内容。学者们运用跨学科方法，多角度、全方位地研究第二语言习得和使用的心理过程和影响因素，一些经典话题及新生课题仍亟待解惑，而传统的研究方法和研究视野仍存在一定的局限性，这就使得第二语言加工研究成为心理语言学、认知语言学、脑科学等的聚焦领域，从语音到词汇、从识别到产出、从行为到脑电，第二语言加工方兴未艾。词汇在第二语言习得和使用中的重要性不言而喻，词汇加工正是第二语言加工最受关注的研究领域之一。第二语言词汇加工涉及范围颇广，从双语者心理词典、双语者词汇加工的理论模型、双语词汇加工的认知神经机制到双语者的认知控制和注意选择都是第二语言词汇加工非常重要的研究课题。

虽然学者在第二语言词汇加工领域已经取得一定的研究成果，明确了部分研究问题，但是，语言作为人类高级认知能力的一部分，具有高度的复杂性，已有研究结果是否适用于不同语言类型尚无明确定论。随着我国综合国力及国际地位的提升，汉语在国际社会中的影响逐渐增强，把汉语作为第二语言学习的人越来越多，汉语作为第二语言研究的重要性不言而喻。探索汉语作为第二语言的语言词汇储存、认知控制及神经机制等问题，可以为探索汉语学习规律提供一定的学理支持，也可以为推广汉语、传递中国文化起到一定的促进作用。